QUE SAIS

L'écriture journalistique

JACQUES MOURIQUAND
Journaliste

Cinquième édition mise à jour
16e mille

puf

ISBN 978-2-13-063338-9
ISSN 0768-0066

Dépôt légal – 1re édition : 1997
5e édition mise à jour : 2015, janvier

6, avenue Reille, 75014 Paris

Chapitre I

L'EFFICACITÉ EN ÉCRITURE

L'écriture journalistique est différente des autres. C'est son efficacité à véhiculer un message qui prime. Elle n'a de justification que par rapport à son public.

L'écrivain recherche dans la musique des mots, au moins accessoirement, une esthétique propre. Son style est capital. Le scientifique voudra que son article cerne au plus près l'exactitude des observations faites, fût-ce au prix d'une certaine herméticité. L'idée que son lecteur fasse un effort de compréhension lui paraît normale. Souvent ce lecteur, un autre scientifique, un universitaire qui, comme l'on dit significativement, « fait sa bibliographie », est rémunéré pour cet effort.

L'écriture journalistique doit se trouver à la convergence d'une lecture de plaisir et d'une information exacte. Elle doit être efficace : dire beaucoup en peu de phrases et de façon attractive. Quelle que soit la réticence des journalistes à l'admettre de façon aussi crue, une idée de « rentabilité » du mode d'écriture s'impose. On peut le dire plus élégamment en soulignant une volonté d'être au service du lecteur, au moins de ne pas lui compliquer la tâche.

I. – Une clientèle à satisfaire

Les éditeurs sont devenus très attentifs aux désirs de la clientèle. Les études se multiplient face à la difficulté d'imposer, voire de maintenir des publications. De grands groupes testent sans cesse les réactions de leur public face au contenu de leurs journaux. « Avez-vous vu cet encadré ? L'avez-vous lu ? Et cette légende ? Que pensez-vous de la longueur de ce texte ? » Dès qu'un essoufflement un peu net se ressent dans la vente, ils lancent sans tarder une « nouvelle formule ».

1. L'enseignement des études de lecture

A) *Un monde d'écrans.* – Nous vivons dominés par la présence d'écrans. En 2012, une étude des Nations unies estimait qu'un tiers de l'humanité était connecté à Internet (2,3 milliards de personnes). En France, cette même année, selon Médiamétrie, 98,3 % des foyers français étaient équipés d'un téléviseur, 82,2 % d'un écran plat, 78,2 % d'un écran TV HD et 14,6 % d'un home cinéma. En janvier 2014, 25,6 millions de Français étaient reliés chaque jour à Internet et y avaient passé 1 h 50 en moyenne. Une étude de l'université de Californie suggère que les heures passées devant l'ordinateur le sont au détriment de la télévision. Elle affirme ainsi qu'un individu « non connecté » passe en moyenne seize heures devant sa télévision contre onze heures pour celui qui se promène dans le monde virtuel du Web.

L'apparition de l'usage d'Internet, sa foudroyante progression constituent le phénomène récent le plus spectaculaire, mais, bien entendu, la première révolution est venue de la télévision. En 2012, elle a été écoutée 3 h 50. Mais on note une légère érosion, sensible chez les plus jeunes… volontiers « accros » à Internet. En 1989, cette durée n'était que de 2 h 47 ! À notre époque où, par le câble, on peut recevoir des centaines de chaînes, se souvient-on seulement que, en 1973, 35 % seulement des Français recevaient la troisième chaîne de télévision alors toute récente ? De même, cette année-là, 86 % des Français avaient certes un téléviseur, mais les statistiques ne parvenaient pas à compter la part de ceux qui en avaient plusieurs. Aujourd'hui, plus de la moitié des foyers en ont deux et plus… Quarante-huit pour cent des enfants canadiens de 8 à 15 ans possèdent leur propre téléviseur, et 35 % ont leur propre magnétoscope. Le boîtier de télécommande doit être considéré avec la plus grande attention en tant qu'objet symbolique. Il suggère – davantage qu'il ne signifie – la liberté de choix à tout instant. Il permet la fuite immédiate devant le moindre moment d'ennui, voire devant le moindre effort. Cela ne sera pas sans impact sur les modes d'écriture. Si la difficulté est inacceptable devant l'écran de télévision, elle le devient par contagion en presse écrite, en radio et même, de proche en proche, dans l'édition.

Une explosion de l'offre par les équipements et par les programmes a « reformaté » les loisirs de nos compatriotes. Le nœud de l'affaire est là : les formes de lecture sont en concurrence les unes avec les autres. Les journées n'ayant que vingt-quatre heures et les durées de sommeil et de travail étant peu ou prou incompressibles, chaque nouveau client pour le Web ou pour une série télévisée est perdu pour Marcel Proust ou pour la presse. Cinquante-cinq pour cent des Français lisaient un quotidien en 1973, 36 % en 1997, et la baisse était de moitié parmi les 25-39 ans. La lecture de magazine se maintenait, et si la lecture de livres en général s'améliorait, c'était à travers les encyclopédies et les livres pratiques, c'est-à-dire du fait de l'accession au savoir d'une classe plutôt cantonnée jusque-là à l'écart par le système scolaire. Dans ce public, on trouve d'abord des personnes curieuses d'une meilleure compréhension immédiate du monde, attendant donc un service pratique de l'écrit. Force est de constater que la littérature n'a guère progressé et que le fameux « gros lecteur » qui faisait vivre les libraires disparaît. C'est le cas type du nivellement par le bas.

On est là, en termes de temps disponible, en présence d'une équation qui n'offre aucune échappatoire. Et où le vainqueur sans la moindre contestation possible est l'écran, pour le moment l'écran de télévision, mais l'intérêt des grands groupes de télévision pour la diffusion de leurs programmes par Internet à haut débit montre assez un nouveau développement en cours dans cette compétition. Au premier trimestre 2009, l'institut Nielsen a calculé que les Américains regardaient la télévision sur leur écran traditionnel en moyenne 153 heures et 27 minutes par mois (+1,9 % en un an) contre 29 heures et 15 minutes *via* Internet (+ 4,6 %). Les sites de rediffusion des programmes des chaînes ont vu leur audience progresser en un temps incroyablement bref. La perspective n'est plus éloignée où ce canal deviendra dominant pour l'écoute de programmes. Et une nouvelle mutation s'accomplira, elle aussi pleine d'enjeux. L'objet télévision s'effacera dans nos logements au profit d'écrans peut-être même fournis à l'acquisition du lieu, connectables à nos ordinateurs, voire à nos tablettes qui transmettront des programmes téléchargés. Ce sont des modes de vie très différents qui s'annoncent et avec eux un rapport à l'information tout nouveau.

Ces observations sont, hélas, confirmées de façon accablante par les études d'audience des grands titres de presse écrite. La presse qui reproduit des programmes de télévision vient en tête. La presse d'information « sérieuse » est nettement distancée. Mais la presse de télévision est, elle-même, très concurrencée par les sites Internet qui s'en chargent. Au point qu'elle a dû en ouvrir à son tour, se rémunérant par la publicité en ligne.

Il est frappant d'observer une lente érosion de la durée d'écoute de la radio. Mais il est vrai que la possibilité d'écouter la radio sur Internet, de podcaster des programmes peut introduire un biais dans les observations des instituts chargés de l'évaluation de ces données. Toutes les grandes radios ont observé une véritable explosion de la demande de podcast. Une nouvelle fois, on est là en présence d'une modification de comportements du public venue du recours à Internet, d'un changement de rapport à l'objet qu'est le poste de radio.

B) *Une lecture distraite.* – En 2009, un Français passait 3 h 24 devant la télévision et écoutait la radio pendant trois heures (2 h 50 début 2010, en baisse constante). Compte tenu de l'importance de ces durées, on est contraint d'en déduire que, pour partie, l'écoute de ces médias est simultanée avec une autre activité. Si, en effet, l'on veut bien faire place au travail, au sommeil et à quelques moments où la présence des médias est manifestement impossible, on doit admettre que ni la lecture au sens strict ni aucune forme d'écoute ne sont pleinement concentrées sur leur objet. Le cas de la radio passée du statut de meuble de salon dans les années 1930 à celui d'accessoire automobile est à cet égard très emblématique. Et on ne saurait exclure que l'objet même ne finisse par disparaître au profit de téléphones reconfigurés…

Par ailleurs, il conviendrait de différencier les cadres (plus grands lecteurs) des ouvriers, les hommes des femmes.

Les premiers sont moins occupés par les soins du ménage et donc plus disponibles à la lecture. On ne s'étonnera pas, en conséquence, que les impressionnants efforts de conception des journaux féminins aient tendu à une écriture plus ramassée, permettant une lecture plus rapide. Il est vrai aussi qu'il s'agissait de toucher à la mythique ménagère de moins de 50 ans dont les publicitaires ont bien compris qu'elle pesait fort dans la décision d'achat.

Ces chiffres globaux masquent encore la différence entre la lecture attentive des personnes âgées, avec celle des adolescents. Ceux-là s'en privent presque totalement au profit d'une consommation massive de programmes de radios ciblées.

Encore ces données sont-elles exclusivement quantitatives. Il n'est pas indifférent que, dans une étude un peu ancienne, 18 % des lecteurs du *Parisien* déclarent l'avoir trouvé. Cela ne témoigne pas d'une grande attraction à la lecture. De même, pour ce journal ou *France-Soir* alors en vie, bon nombre de lecteurs le lisent au café, donc dans une ambiance qui ne facilite pas la concentration. Ceci, pour ne rien dire des quotidiens gratuits, lus souvent dans les transports en commun dans des positions très malcommodes.

La décision, en 2004, de la direction du *Times* britannique de changer de format à la suite de tests positifs sur les ventes est le révélateur que le contenant l'emporte souvent sur le contenu dans le rapport des lecteurs à leur journal. Certains magazines féminins, d'autres comme *Lire*, ont choisi de paraître suivant plusieurs formats en proposant toujours une version compacte. Il y a fort longtemps, le changement de format du *Parisien* avait aussi été l'un des aspects perçus comme positifs par son public de la réforme de ce journal qui lui avait sauvé la vie. Le visible intérêt que la décision des dirigeants du *Times* a suscité chez certains grands éditeurs de presse européens montre combien ils sont conscients de l'impact commercial de ce type de choix.

Ainsi, à tout le moins, l'écriture journalistique ne saurait être dissociée de son cadre et, aussi cruel que ce soit à écrire, son importance est assez… relative dans le succès d'un titre.

Pire ! L'accès à l'information quel que soit le support préféré se fait souvent simultanément avec une autre activité.

La personne lit ou écoute…	*La télévision*	*La radio*	*La presse*
Activité accompagnée Activité exclusive	38 % 62 %	97 % 3 %	64 % 36 %

Source : CESP, 1992.

La simple observation quotidienne confirme les données de cette étude ancienne. Dans ces conditions, il n'est pas étonnant que le zapping, cette pratique de changement constant de programmes devant la télévision, se soit propagé dans la lecture de la presse. La caractéristique dominante de l'écriture de presse depuis les années 1980 est la prise en compte généralisée de ce phénomène.

2. L'imitation de proche en proche

A) *Une grille de lecture comme une grille de programmes.* – Cette osmose se traduit en particulier, dans la presse magazine, par la transposition du concept de grille de programmes, provenant directement de l'audiovisuel, à celui de grille de construction d'une publication. Hebdomadaires et mensuels rivalisent dans l'art de faire se succéder des articles très courts, voire des « brèves » avec des modules un peu plus longs puis de véritables dossiers savamment éclatés. Il y a, dans cette attitude, la volonté manifeste d'offrir au lecteur une multiplicité de prétextes à « entrer dans le journal », chaque fois que, à des heures différentes de la journée ou de la semaine, il a l'occasion de s'en réemparer. Le concept de « prise en main », comme disent les spécialistes du marketing dans la presse, a, en effet, été étudié. Il montre que le lecteur n'est pas toujours dans les mêmes dispositions d'esprit pour lire son journal. Le feuilletage, la lecture distraite puis, au contraire, l'approfondissement d'un dossier ont été passés au crible.

B) *L'ère des mimétismes.* – Au-delà du mimétisme entre langage de l'image et langage écrit, l'époque est plus généralement aux mimétismes d'écriture. La seule fréquentation d'un kiosque à journaux dans une ville étrangère montre l'évidente familiarité d'apparence des périodiques locaux d'avec ceux que nous pouvons connaître, à condition, du moins, de se trouver dans la même zone culturelle. Parfois même on se copie par-delà les frontières. Passe encore que le *Géo* français soit, évidemment, le frère jumeau du *Géo* allemand : le groupe qui a donné naissance à ces magazines est allemand. Mais les responsables du *Figaro* auront peine à prétendre qu'ils n'ont pas, un temps, emprunté la couleur saumon de leur supplément économique au *Financial Times.* L'immense prestige de ce titre économique britannique a, un temps, inspiré le graphisme des portraits de la *Tribune* dans l'une de ses formules.

À l'intérieur de la famille de la presse, les phénomènes de copie ont cessé de ne concerner que les titres de même catégorie (quotidiens, hebdomadaires, mensuels, etc.). À cet égard, il est particulièrement significatif que la presse magazine réussisse à influencer la presse quotidienne. Traditionnellement, en effet, la première était tenue pour plus élégante, supportée par un meilleur papier, les lecteurs de la seconde étant supposés s'accommoder d'un produit éphémère, donc de présentation médiocre. C'est de moins en moins vrai. Le quotidien français *Libération* a systématisé les « Unes » sur le mode du magazine avec une photo pleine page cernée de titres multiples.

La proximité entre édition et presse magazine se renforce. Certaines collections aujourd'hui devenues prestigieuses ont beaucoup emprunté à l'éclatement de l'écriture en de multiples modules. C'est le cas de *Découvertes* chez Gallimard. Sa formule où l'illustration est omniprésente est proche de celle du magazine. Significativement, cette collection résulte par ailleurs d'une collaboration avec un éditeur anglais – témoignage, s'il en était besoin, du mimétisme d'écriture par-delà les frontières. Il s'agissait là, pour l'éditeur, de trouver dans un partenariat avec un confrère étranger la possibilité d'amortir les coûts considérables de recherche iconographique, d'achat de droits et de photogravure. La contrainte économique a donc indirectement dicté une forme d'écriture. Les nombreuses imitations de cette formule qui a eu un grand succès mérité ne peuvent qu'avoir eu pour conséquence de généraliser un mode standard d'écriture.

Même la publicité déteint parfois par ses slogans sur l'écriture des articles, tandis qu'à l'inverse les graphismes de la presse sont volontiers copiés par les publicitaires soucieux ainsi de tromper la vigilance du lecteur.

II. – Une notion de rentabilité

Les publications comptent leur place aux auteurs à la fois pour des raisons économiques (le papier coûte cher) et pour des raisons commerciales (le peu d'intérêt des lecteurs pour des textes longs).

Simultanément, ce que les éditeurs de presse savent des attentes de leurs clients montre leur désir d'un propos « clair et net ». On achète moins facilement un journal qu'un livre pour des subtilités, des ratiocinations. En dépit des protestations contraires, beaucoup d'acheteurs se moquent bien souvent du style. Il est généralement cantonné à quelques rubriques considérées comme « décoratives » par les rédactions en chef : l'éditorial, le billet, la critique…

De toutes les écritures, celle du journal est la plus à l'emporte-pièce. Ce qui compte d'abord, c'est l'information. Le commentaire est un charmant superflu, la « cerise sur le gâteau ». De très grands titres de la presse nationale ont vu leur existence compromise lorsque, dans leurs rédactions, la tendance à l'« éditorialisation » l'a emporté sur la recherche d'informations. On y faisait du style lorsque la véritable plus-value recherchée par le public est celle qui se mesure en densité d'informations. Le lecteur « en veut pour son argent ». D'où ces phrases bien connues des hommes de marketing : « Ce journal a de la main », c'est-à-dire que rien qu'à le palper on en sent l'épaisseur prometteuse d'une abondance d'informations.

On retrouve, là encore, la pression de l'audiovisuel sur la presse écrite. Le succès initial de France Info a bientôt inspiré des chaînes d'informations en continu (Euronews, LCI, BFM TV ou I télé). Les quotidiens gratuits peuvent être considérés comme sa transposition en presse écrite.

Tous les sauvetages de journaux en difficultés ont été acquis par un retour à la recherche des informations, par le service du fait et, simultanément, par tous les éléments de « mise en scène » de l'information à la fois facilitant la lecture et laissant un sentiment de multiplicité d'articles et d'informations.

L'écriture, à cet égard, a suivi clairement cette intention nouvelle. Elle s'est dépouillée et a éclaté en modules courts. Dans le même temps, des évolutions récentes dans la presse d'information générale *(Le Parisien)*, féminine *(Prima)*, économique *(Capital)*, à sensations *(Voici, Gala)* ou de reportages *(Géo, Grands Reportages)* ont montré combien le succès commercial pouvait venir du travail sur l'écriture, considérée dans son acception la plus vaste. Significativement, beaucoup des exemples ici relevés viennent de groupes allemands. Ils ont appliqué à l'écriture des techniques de marketing prouvant bien ainsi que c'était la capacité à se faire comprendre qui était en jeu, donc une certaine forme de rentabilité de l'écriture, aussi désagréable cette formule soit-elle.

L'information audiovisuelle, elle aussi, répond à des règles d'écriture. Elle est dominée, contraintes d'audience obligent, par un souci d'efficacité dans la manière de faire passer une information et d'y intéresser le téléspectateur. « Il faut le planter dès le premier instant dans son fauteuil et réussir la fin pour qu'il conserve un bon souvenir », disent, par exemple, les réalisateurs. Ils retrouvent là une règle observée en presse écrite sur la nécessité de travailler l'« attaque » et la « chute ». À l'intersection du souci de « faire de l'audience » et de maîtriser les coûts, dans une profession où ils peuvent être très élevés, se trouve tout le débat sur le « direct » (autrement connu sous le nom de « programme de flux »). Il remplit, à bon marché, du temps d'antenne en donnant au téléspectateur le sentiment, ou plutôt l'illusion, de participer. En fait, la fonction du journaliste est là pratiquement gommée tant il est difficile d'apporter une réflexion sur un événement qui est en train de se dérouler. Il n'y a plus guère d'« écriture journalistique », hormis quelques trucs de présentateurs. Le programme de stock, lui, le documentaire en particulier, parce qu'il suppose une longue élaboration avant, pendant et après le tournage, est d'une très grande complexité d'écriture et vaudrait, à lui seul, un volume.

III. – Le mélange des écritures

1. **Pensée unique, formes multiples.** – La porosité entre les techniques d'écriture d'un type de support à l'autre, particulièrement dans le sens de l'audiovisuel vers la presse écrite, a un effet unificateur dans la forme de l'information diffusée au public. Cet effet venant doubler le fort mimétisme des médias entre eux quant au fond, mais cette fois plus par emprunt de l'audiovisuel à l'écrit, on trouve là une des causes du sentiment de conformisme souvent dénoncé à propos de l'information.

Curieusement, ce mouvement d'unification sur le fond, ailleurs intitulé « pensée unique », est rigoureusement concomitant avec un éclatement dans la forme. Hélas, tous les journaux diversifiant leur écriture de la même façon, le sentiment d'uniformité ne se dissipe pas. Preuve, s'il en était besoin, que c'est toujours le fond qui laisse au lecteur son sentiment principal.

Ce conformisme touche même à la formulation. D'où ces expressions qui se répandent vite dans le langage courant, quel que soit leur sens véritable.

En 2009, un blogueur avait réagi à l'annonce sur une radio indiquant que *« Julien Coupat est attendu de pied ferme dans la ville de X, par son comité de soutien qui n'a pas baissé les bras »*. Et d'ironiser : « Ils ne devaient probablement pas savoir où donner de la tête. » Notre blogueur s'était livré à une petite recherche : « "de pied ferme" figure sur 177 000 pages recensées par Google, mais "pied ferme" fait 203 000 pages, "baissé les bras" : 93 300 pages, son petit frère "baisse les bras" 54 800 pages, et leur aîné "baisser les bras" 230 000 pages ». Victoire de la famille bras, d'une courte tête. Mais la famille pied ferme, qui a le bras long, repart la tête haute. Nous avons refait le calcul début 2014. On arrivait à 10 700 000 pages comportant « de pied ferme ». Ce même blogueur faisait justement la chasse aux « années de plomb », aux « démarrages en trombe » et aux « lancements en fanfare » (http://journalistes.wordpress.com/category/cliches-poncifs-et-lieux-communs/).

2. **L'expression par l'image.** – Presse et télévision se copient, s'imitent, se mélangent sans cesse. C'est évident lorsque des publications naissent purement et simplement d'émissions de télévision, avec le risque, bien sûr, de vies éphémères. « Thalassa » par exemple, a existé sous deux formes : l'une, télévisuelle ; l'autre, de presse magazine. Dans d'autres cas, c'est le nom de l'animateur qui est à la fois au cœur d'une publication et d'émissions. Ainsi, de Bernard Pivot, du commandant Cousteau, de Julien Courbet ou du défenseur du monde animalier Alain Dugrain-Dubourg.

Mais ce qui nous intéresse plus ici est la complémentarité entre image et écrit dans les récits. Cela se traduit par une nouvelle construction du message informatif. Beaucoup de journaux ont réduit la part des textes pour mieux faire dire aux photos ce qu'elles pouvaient rendre. Une réflexion s'est engagée sur la manière de scénariser l'actualité, la photo tenant le rôle principal, l'écrit venant en quelque sorte en soutien. Le directeur artistique est devenu un personnage tout-puissant dans la presse magazine, et même parfois dans la presse quotidienne. L'autorité jadis accordée au grand reporter ou à l'éditorialiste glisse maintenant sinon vers les maquettistes eux-mêmes, du moins vers ceux qui, comme l'on dit désormais, conçoivent le « visuel ».

Puisque l'esthétique l'emporte sur le réel, on voit même des photographes faire poser… des taureaux dans des studios. Ailleurs, des rédactions refusent des photos parce que le bleu du ciel n'est pas dans l'esprit de la publication. Signe des temps, les agences photographiques diffusent des clichés provenant des images vidéo de télévision. Curieusement, leur médiocre qualité technique est compensée par le fait d'avoir été précédemment diffusées par une télévision… Comme si le « vu à la télé » apportait un cachet d'authenticité.

À l'intérieur même des articles, le recours à l'image dépeinte, la scénarisation du récit sont devenus des procédés constants. Cette évolution est assez préoccupante quant à certains aspects de fond. Ainsi, le procédé qui consiste à opposer deux personnes, à la manière des débats télévisuels, gagne de plus en plus les colonnes de journaux. Hélas, de la formule journalistique, on glisse vite au mode de pensée. Des hommes publics se plaignent valablement de voir sans arrêt leur action jugée par référence à leur opposition supposée à tel ou tel. Le monde, vu sous cet angle, ne serait plus qu'une scène de théâtre où des hostilités personnelles motiveraient la plupart des comportements des acteurs. C'est un peu court. C'est gommer tout ce qu'il peut y avoir de désaccords sur les idées et ne voir partout que des ambitions irrépressibles.

La généralisation de certains logiciels (QuarkXPress ou Photoshop, par exemple) a joué un rôle majeur à la fois de diversifications des usages de l'illustration, mais, simultanément, de banalisation d'une certaine esthétique de la presse. Si leurs possibilités sont considérables, leurs usagers n'ont pas toujours le temps, ni les compétences pour les utiliser à plein. Il en résulte une certaine unité dans les graphismes de presse. Le succès de la visualisation de l'information a donné naissance à une nouvelle discipline, l'« infographie ». Elle mélange des dessins à quelques mots-clés, au mieux à quelques phrases. Elle sait, mieux que de longs développements, condenser des concepts ou des évolutions difficiles à comprendre dans des schémas. Les infographies sont fixes ou animées selon qu'elles sont reproduites par un journal ou une télévision. Elles constituent un trait d'union symbolique entre les écritures adaptées à divers supports. Elles montrent combien le concept d'écriture peut s'élargir.

À cet égard, là encore, l'apport d'Internet est doublement important. D'abord, une formidable créativité s'y exprime dans ce que l'on appelle d'une formule bien prétentieuse « le journalisme de données ». Il s'agit par exemple de visualiser, par une carte ou un axe de déroulement temporel, un événement en cours. Le *Washington Post* avait, en 2008, rendu compte pour la première fois sur son site, minute après minute, par une carte des États-Unis, des résultats relatifs à la présidentielle. Depuis, la formule a fait tache d'huile. En 2010, par exemple, pour les *mid term elections*, outre cette carte, on pouvait trouver au bas une liste des représentants concernés avec la possibilité, pour certains, de trouver, d'un clic, une fiche sous forme à la fois d'un article et sèchement de ses grandes caractéristiques.

Enfin, la presse écrite, elle aussi, a emprunté aux graphismes en usage sur Internet l'organisation de certaines de ses pages. Elle recourt à l'occasion au système des onglets, commun sur les sites et bien d'autres repères visuels encore.

3. **Les emprunts de la télévision à l'écrit.** – Ça n'est pas d'hier. Le vocabulaire journalistique courant traduit sans cesse ces franchissements de frontière. On ne cesse de lire dans la presse écrite des formules comme « arrêt sur image », comme « mixage » qui viennent tout droit du langage des studios. Le langage télévisuel use lui aussi abondamment de formules qui sortent des imprimeries : la « Une », les « rubriques », etc.

Plus significatives sont les similitudes de pratiques. Le meilleur documentaire télévisé a toujours connu en premier lieu une version écrite. Les diffuseurs peuvent ainsi juger des intentions des auteurs. Leur jargon le désigne d'un terme révélateur : une « intention d'écriture ». En sens inverse, bien des articles sont nés de l'intention… d'illustrer un problème.

À présent, le multimédia est une étape décisive dans la vie de ce tout qu'est l'écriture informative. Texte, son et image s'y mélangent. Déjà des émissions de télévision empruntent au graphisme des écrans de micro-ordinateurs. Cette évolution se fait à si grande vitesse qu'il est difficile de la suivre.

Il est donc moins que jamais opportun de vouloir scinder l'écriture en catégories étanches. Cependant, même si beaucoup d'écrivains sont passés par le journalisme, il faut souligner son éloignement de l'écriture littéraire. « Vous n'êtes pas ici pour faire de la littérature… », disent souvent les rédacteurs en chef à l'adresse de leurs jeunes recrues. D'ailleurs, de nombreux journalistes ont connu de retentissants échecs dès qu'ils ont voulu franchir la frontière de la fiction. On les connaît moins que les rares qui ont réussi parce qu'ils ne s'en vantent pas…

Ce distinguo fiction-information fait l'objet d'un débat jamais refermé. Le propos de l'écriture journalistique est de servir le réel en lui étant aussi fidèle que possible. L'écriture littéraire, au contraire, est libre de cette contrainte de fidélité. Le journaliste est censé s'abstraire de la réalité qu'il dépeint. Seuls, certains genres journalistiques particuliers et liés à la littérature par un lien de cousinage (l'éditorial, le commentaire…) lui permettent de s'interposer. Le « je », exceptionnellement, y devient licite. L'écrivain, lui, peut jouer de tous les effets de présentation que lui offre son talent pour faire naître des sentiments chez son lecteur. Non seulement il a le droit de tricher avec la réalité, mais il sera même jugé à sa faculté de se l'approprier, de la déformer.

Au demeurant, certains journaux ont accepté des innovations assez « littéraires », par exemple, sur le terrain du reportage où la tonalité de certains « carnets de route » pouvait faire penser à des précédents d'illustres écrivains. De remarquables réussites journalistiques comme celle de la *Revue XXI*, qui pourrait être qualifiée de recueil de journalisme au long cours, se situent sur cette ligne de crête.

4. **Plus ça change, plus c'est la même chose.** L'observation sur long terme de l'écriture journalistique montre à la fois de constants changements dans chaque publication et une grande stabilité globale sur une longue période. Le privilège d'avoir eu à reprendre pour plusieurs éditions le présent ouvrage nous en a donné une parfaite démonstration. C'est du reste pourquoi, de propos délibéré, nous faisons cohabiter dans ces pages des exemples de périodes assez éloignées. C'est la démonstration implicite que telle formulation de 1996 se retrouverait sans peine en 2014. Les journaux font évoluer leurs graphismes, quitte à revenir huit ans plus tard à des formules depuis oubliées. Mais les pratiques restent pour l'essentiel les mêmes. Les ressorts de la construction des récits ne bougent guère.

IV. – Ce que gratuité implique

L'apparition de quotidiens gratuits est la partie la plus visible d'un mouvement de fond notable : en 2012, la presse gratuite revendiquait autour de dix millions de lecteurs, pour ses titres principaux. Ce que cette évolution nous dit sur l'écriture journalistique est riche en enseignements.

A) *Une pratique venue elle aussi de la télévision.* Le surgissement de ces nouveaux médias a suscité de nombreux commentaires qui ont pourtant laissé de côté un aspect important : cette évolution est fille de la télévision par une certaine idée de la gratuité qui se répand largement. Certes, les programmes télévisés accessibles par le câble ou par les chaînes cryptées supposent une dépense. Mais le prélèvement, une fois par an, de la redevance télévisée, les fraudes et les dispenses dont elle fait l'objet, son coût en définitive faible face à l'offre de programmes ont laissé se développer l'idée que la télévision ne coûte rien. La radio, de son côté étant devenue gratuite, il était prévisible que la presse écrite se trouverait bientôt menacée. Internet a démultiplié encore cette sensation que la gratuité dominerait. Il est intéressant d'observer que tous les grands groupes de presse mondiaux ont connu de sensibles hésitations sur cette question. La décision de rendre l'information diffusée sur le Net payante a partout été difficile à prendre. Au début 2014, le pas semblait franchi de façon répétée par de grands éditeurs, mais avec moult précautions et sans garantie qu'un éventuel retour en arrière ne survienne. Les plus modestes, ne pouvant faire valoir le contenu de titres prestigieux, restaient dans l'expectative.

B) *L'idée de valeur de l'information s'effrite.* – Le bon accueil manifeste qu'ont reçu les publications gratuites dans un public jeune et en constant recul dans l'audience de la presse payante montre que cette génération n'estime pas que la qualité se paie. Du moins accepte-t-elle une sorte de « service minimum » en matière d'information. Peu semble importer qu'un journal, en payant des reporters ou des analystes, offre à son lectorat une densité plus grande. Dans ce contexte, « tout est à peu près égal à n'importe quoi ». Le lecteur, à force d'y accéder à tout instant sans même l'avoir cherchée, paraît relativiser considérablement le sérieux et l'importance de l'information. Il y a lieu de s'interroger sur l'origine de ce sentiment, notamment par rapport aux pratiques du média dominant : la télévision. Il est très symptomatique que, au-delà de protestations rapides, aucune des grandes organisations professionnelles, aucun des grands éditorialistes ou penseurs de la société française (ou européenne), n'ait entrepris une vraie campagne pour souligner le prix de l'effort de recherche d'informations. Car, en allant un peu au-delà, se répand ainsi l'idée que l'intelligence, la pertinence, le savoir n'ont pas grande valeur.

C) *L'important n'est pas ce qu'on dit, l'important est où on le dit.* – Les éditeurs de ce type de presse, prenant acte de ce que les réseaux de distribution de la presse s'effondraient, ont préféré aller au contact de leur lectorat. Force est de constater qu'ils ont intelligemment installé leurs distributeurs aux lieux stratégiques des grandes villes où, curieusement, les réseaux classiques de la presse payante n'étaient plus assez représentés. Ainsi est démontré que, chaque fois que le béton avance, la presse écrite recule. Il est symptomatique qu'un des titres qui a entrepris cette conquête de marché s'intitule *Métro*, lieu de passage de millions de personnes dans nos grandes villes, tandis que l'autre s'appelle *20 minutes*, durée moyenne bien connue de lecture d'un quotidien.

D) *La diffusion de fait pas l'impact.* – Début 2014, en France, en dépit de chiffres de diffusion extrêmement flatteurs, se renforçait la perspective d'une réorganisation complète du secteur avec possible disparition de titres, ce qui s'était déjà produit des années plus tôt en Suisse. Ainsi, contrairement à ce que l'on pourrait penser, il ne suffit pas, même pour les publicitaires, d'avoir une diffusion massive pour obtenir un impact. Et ce qui vaut pour les messages publicitaires vaut pour les articles de presse. Il est notoire que des supports à diffusion ultraconfidentielle ont permis à des informations de se répandre largement.

Chapitre II

L'ÉCRITURE DANS UN CADRE

I. – Le temps du ciblage

Le journaliste écrivant dans le silence de son bureau puis venant porter son article à son rédacteur en chef, une fois la tâche finie : cette image a disparu depuis longtemps. Flaubert ou Balzac arrivant, soir après soir, toujours en retard à l'imprimerie de leur journal pour jeter une liasse de feuillets correspondant au feuilleton du jour ne trouveraient plus aujourd'hui d'emploi. La finesse de la réflexion sur le contenu rédactionnel est devenue telle que les démarches individuelles ont moins en moins cours. Un article, en effet, ne s'écrit pas hors des contingences de la publication qui va l'accueillir. C'est ce que les « formules » veulent régir. Elles traduisent l'ensemble des pratiques que la rédaction s'impose, sur la forme comme sur le fond. Elles constituent des chartes, des sortes de règlements intérieurs. L'aspect le plus visible pour le lecteur en est le graphisme de la publication. Du reste, l'importance de ce graphisme dans l'acte d'achat puis dans la fidélisation du lectorat est si grande que, bien souvent, c'est la conception de ce « visuel » qui contribue à la définition de la formule. Au point que, pour l'irritation des lecteurs, des changements annoncés à son de trompe ne leur paraissent, parfois, que de pure forme.

La minutie de ces formules affecte beaucoup l'écriture journalistique. L'organisation du travail en amont même de l'écriture est devenue de plus en plus grande.

1. **Prévenir le rejet de l'écrit.** – Il ne sert à rien de publier des journaux s'ils ne sont pas lus. L'ennemi n'est pas le concurrent, mais d'abord la non-lecture, le rejet de l'écrit. Le danger pour l'éditeur est que le rythme de lecture de son journal, quel que soit l'intérêt objectif du contenu, finisse par lasser.

D'où la construction chaque jour plus évidente des journaux en séquences de rythmes différents qui permettent de donner au tout une personnalité, un mordant qui rendent le journal attractif.

Chacun a ses dominantes qui ont été, le plus souvent, testées grâce à de savantes techniques de marketing.

Le Nouvel Observateur ouvre son édition de la semaine du 21 au 27 octobre 2004 par un énorme dossier de 23 pages, « Notre guerre d'Algérie » racontée par des acteurs et des témoins à l'occasion du cinquantième anniversaire du déclenchement des hostilités. Énorme volume de lecture donc, à l'échelle d'un journal, mais qui est éclaté en 19 articles différents, eux-mêmes relevant de genres journalistiques multiples (l'éditorial, l'interview, le compte rendu). En d'autres termes et paradoxalement, *Le Nouvel Observateur* offre pour la circonstance à ses lecteurs autant d'occasions d'abandonner la lecture que de la reprendre, mais ces deux mouvements ne sont pas sans rapport l'un avec l'autre. Le lecteur qui aura conservé le souvenir d'une lecture rapide mais intéressante à telle page reviendra plus volontiers deux jours plus tard à la page voisine que s'il a le sentiment d'avoir été piégé dans une immense dissertation ennuyeuse.

Le journal n'est jamais conçu pour une lecture intégrale de la première à la dernière page, mais pour attirer le chaland – car telle est bien la nouvelle définition du lecteur – sous de multiples prétextes.

2. **Une variété soigneusement travaillée.** – La conception du journal, dans cette perspective, offre un parallélisme évident avec une grille de programmes de télévision (cf. chap. I). De la même manière que celle-ci va veiller à varier les genres (variétés, documentaires, téléfilm, film, journal télévisé, jeux), le directeur d'une publication va veiller à ce que la lecture offre des « sautes de tension », faute de quoi le lecteur, fatigué, l'abandonne.

Cela se vérifie aussi bien lorsqu'on analyse la publication tout entière que lorsque l'on considère une, deux pages ou un simple article.

VSD, reprenant une formule classique, proposait fin 2010 une ouverture sur une succession de doubles-pages photos avec infiniment peu de texte. Suivaient quatre pages de brèves très illustrées. Et pour introduire enfin un article un peu développé, une double-page photo. À nouveau, de courts articles très illustrés avant que n'apparaisse, autre moyen de rompre le rythme, un portfolio photographique. Et cette alternance de modules longs, supposant un effort de concentration de la part du lecteur, et de modules courts, peu ou prou, se poursuit jusqu'à la fin de la publication.

L'intention de l'éditeur est manifeste : il s'agit autant de permettre au lecteur de trouver un intérêt à un thème qui peut ne pas le concerner que, paradoxalement, lui permettre d'en sortir… pour être aussitôt repris ailleurs dans le journal, par le même procédé. L'important est désormais de proposer au lecteur de circuler dans les pages. Le maître mot à l'intérieur du journal comme à l'intérieur de l'article est le rebond. Plus personne ne croit pouvoir emprisonner le lecteur dans une page. Puisqu'on le sait infidèle, du moins peut-on tenter d'organiser les chemins de traverse qu'il prendra dans sa lecture.

Dans cet esprit, un nombre croissant de magazines, s'appuyant sur un usage massif de la photographie, ont recours à des niveaux de lecture différents, en quelque sorte superposés. Le lecteur qui les trouve par hasard chez le coiffeur peut se contenter de les feuilleter : il trouvera d'abord, de page en page, des accroches en gros caractères, l'équivalent de la légende, jadis en petits caractères. Leur lecture successive permet de jauger sinon les informations de l'article, du moins son « atmosphère » générale.

Géo est un des inventeurs de la formule. Dans son numéro de mars 1996, il s'intéresse à Hawaii sous le titre « La machine à forger des îles ». On ouvre d'abord sur une double-page de photo avec cette accroche : « Une éruption survenue il y a deux siècles a modelé cette crique. » Puis c'est, dans les pages qui suivent, « L'îlot de Lehua, sommet émergé d'un cratère éteint, sert de refuge aux baleines à bosse » ; « En ruisselant sur les flancs des volcans, les pluies tropicales viennent fertiliser les côtes » ; « L'agriculture rapporte désormais quinze fois moins que le tourisme ».

Sous ces accroches se trouvent de très courts textes, sortes de légendes détaillées des photos : c'est un deuxième moyen d'intéresser le lecteur.

Enfin, troisième temps, la lecture de l'article, renvoyé après toute la série des photographies, apporte des informations complémentaires. Cet article lui-même est égayé par des intertitres qui relancent la lecture et des encadrés qui peuvent faire naître une curiosité complémentaire. Mais il est notoire qu'elles seront souvent lues à la troisième ou quatrième « prise en main » du journal.

L'éditeur a ainsi intégré que beaucoup de lecteurs abordent des publications dans des conditions telles – fatigue, manque de temps, mauvaise posture physique – qu'ils ne pourront sagement commencer les articles au début et aller tranquillement jusqu'à la fin. L'apparition du concept de « prise en main » du journal en est d'ailleurs le témoignage. Il est d'abord destiné aux annonceurs publicitaires. Ils apprécieront que leur insertion soit vue à chaque fois que le lecteur reprendra son journal. Bien entendu, la multiplication des « entrées » dans le journal y contribue. Les magazines, en 2012, étaient repris en main en moyenne 3,5 fois, soit 9 fois pour les hebdomadaires de télévision et 2,9 fois pour les autres hebdomadaires, 4,8 fois pour les mensuels et 4,6 fois pour les bimestriels.

II. – La photographie maîtresse du jeu

L'importance du visuel n'étant plus à dire, il faut du moins en tirer les conséquences sur un des instruments dont dispose l'animateur d'une publication : la photographie.

1. **Un changement d'usage radical.** – Longtemps a dominé dans les rédactions l'idée que la photographie avait fonction d'« illustration », concept incertain qui recouvrait, en fait, l'idée qu'elle « faisait joli ». Le photographe, du reste, était tenu pour un artiste. Périodiquement, il proposait des clichés soigneusement composés, à la manière d'un tableau. D'innombrables quotidiens ou magazines ont choisi pour le printemps ou pour la rentrée des classes des photos que l'on ne trouve guère plus désormais que sur certains calendriers.

Sans doute l'idée de la photographie d'information est-elle ancienne. *L'Illustration,* pendant sa longue existence, avant la Seconde Guerre mondiale, a diffusé de nombreuses images de visites princières ou de nouveaux cuirassiers. Mais les appareils auxquels recouraient alors les photographes interdisaient une photo en mouvement. La mise en page imposait souvent que les photos fussent fort éloignées, dans la présentation, du passage auquel elles faisaient référence.

Au total, la photographie a longtemps été, dans l'esprit des éditeurs de presse, un genre second. « On mettra une photo s'il y a de la place » ou « Coupe la photo pour rentrer le texte » étaient des formules de tous les instants dans la vie des journaux.

Ces attitudes sont en voie de disparition. Les appareils photographiques sont désormais légers. Les optiques de plus en plus variées permettent de se rapprocher fort près ou d'avoir des vues panoramiques. Les flashes sont intégrés aux appareils. Le temps est fini où le déclenchement d'un flash éblouissait l'orateur en train de parler et distrayait toute l'assistance par son bruit, voire sa fumée… Les moteurs permettent d'abondantes prises de vues en pleine action. La photographie sportive en témoigne. Ainsi, les opérateurs sont plus mobiles. Ils sont dans l'information.

Dans le même temps, la numérisation des images a notablement changé les choses. Jusqu'à la fin des années 1970, les pellicules en couleurs supposaient un long traitement. Les techniques de photogravure indispensables pour la reproduction (parfois médiocre) dans le journal étaient également longues. Par conséquent, les éditeurs ne pouvaient guère envisager de traiter l'actualité par une photographie en couleurs.

Ces obstacles ont disparu. Le photographe peut prendre 50 photos d'un même événement, c'est sans conséquences financières pour lui. Il obtient un résultat immédiat et peut en quelques minutes sélectionner les meilleures. La photo peut être au siège du journal dans les dix minutes suivant sa prise. Avec tout ce que cela implique de difficultés à prendre du recul sur l'impact éventuel que le document pourra avoir sur son public.

Encore notre propos sous-entend-il que l'opérateur est un professionnel. Mais, l'extraordinaire commodité des appareils numériques, voire des dispositifs intégrés aux téléphones mobiles est si grande que des amateurs proposent leurs clichés à des publications. C'en est au point que la profession de photographe de presse est sinistrée. Beaucoup de grandes agences photographiques ont disparu : l'économie de la profession s'est effondrée.

Dans le même temps, une autre évolution a fait simultanément sentir son influence. Les images de télévision ont imposé au fil des années une forme d'« esthétique de l'actualité ». Or, elles ont connu des changements similaires. Les caméras vidéo sont devenues de plus en plus petites et légères. Certaines, bien que toutes proches des modèles à usage familial, ont des performances acceptables du moins en cas d'actualité brûlante. Les coûts se sont effondrés. Certains producteurs ou réalisateurs affectent délibérément de recourir à ces matériels pour donner à leurs documents une touche amateur en phase avec leur propos. Il n'est même pas exclu que la caméra elle-même disparaisse, certaines chaînes de télévision tentant de tirer parti des possibilités des appareils de photo, dans leur fonction vidéo. En 2014, la chose était encore complexe, mais en sensible développement.

La transmission par satellite permet d'être à tout instant au cœur de l'événement partout dans le monde. Le journaliste chargé de donner du sens aux images n'est ainsi parfois plus qu'à leur remorque.

Pour s'en tenir ici à la photographie de presse, cette pression du grand concurrent qu'est la télévision a eu pour effet de mettre à la disposition des éditeurs des clichés de plus en plus « en action ». Plus de clichés composés et léchés. Le photographe suit des personnages au travers de chaque instant de leur vie. Ils ne posent plus, mais sont vraiment surpris. C'est la vie brute que veut offrir le photographe à son public. L'événement sportif, la guerre, le bonheur et la misère sont saisissables dans des détails qui sonnent juste.

La facilité des équipes de télévision à s'immiscer ainsi dans la vie a généré des comportements journalistiques nouveaux : l'habitude de suivre une famille qui connaît telle ou telle difficulté sociale, par exemple, est devenue un classique du genre. Ce procédé est supposé permettre au public de comprendre ce qui se passe mieux qu'un long exposé théorique. La tentation est devenue très grande pour les rédacteurs en chef de journaux de copier cette forme vivante. Pour lui donner plus d'attrait, on transite là aussi par une scénarisation par l'image, exactement par la photo de presse.

Les logiciels de mise en page qui dominent désormais les pratiques de graphisme permettent d'asservir totalement la présentation du texte à celle de l'image. La photo a-t-elle la forme d'un cercle ? On pourra sans peine organiser le texte tout autour. On peut encore écrire dans la photo. Lors des Jeux olympiques de Nagano, les reporters de l'*Asahi Shimbun,* le deuxième quotidien mondial avec près de 13 millions d'exemplaires vendus, tapaient leurs récits des épreuves dans des emplacements prémaquettés depuis des micro-ordinateurs installés sur les lieux des épreuves et reliés par liaison téléphonique à l'imprimerie. Une fois cette rédaction éclair terminée, l'impression pouvait commencer sans la moindre intervention d'un confrère au siège du journal. Une nouvelle fois, on trouve là une grande proximité entre télévision et presse écrite, cette dernière tentant de se rapprocher du direct.

Le croisement de l'informatique avec les techniques de photographie permet désormais de modifier les clichés. L'opérateur peut s'en tenir à de simples améliorations techniques : améliorer des contrastes, par exemple. Mais il peut aussi affecter le sens même du document : recadrer la scène saisie par le photographe, notamment. Le risque est si patent, et les premiers abus connus si grands, que certains photographes de renom se sont constitués en association pour défendre leurs intérêts moraux. L'évolution en cette matière est imprévisible, mais ces possibilités nouvelles vont sans doute notablement influer sur les pratiques.

Au total, cette évolution a libéré les publications d'une certaine rigidité. Elles ne sont plus aussi loin de la vie que l'image rend à chaque détour de leurs pages. Parfois jusqu'à l'absurde. Certains magazines féminins peuvent publier près d'une dizaine de photos par page. Ce ne sont plus alors que des timbres-poste où l'on ne saisit aucun détail. La page n'est qu'une sorte de bouquet coloré. On n'est plus guère alors dans l'ordre de la lecture, mais plutôt dans celui du feuilletage, du zapping. Pas étonnant, car ce survol a une importance considérable avant la lecture elle-même… si lecture il y a.

L'évolution de l'audiovisuel qui tend à faire du journaliste un commentateur d'images (cf. *supra*) conçues hors de lui se vérifie amplement dans la presse écrite. Il est notoire que certains magazines centrés sur les programmes de télévision font d'abord le choix des vedettes dont ils publieront les photos, en fonction de l'impact espéré sur les ventes. Après seulement, ils demandent un texte à un journaliste, dans un calibre imposé par la taille de la photo… même s'il n'y a pas toujours grande actualité autour de la vedette en question.

Cette priorité dont bénéficie de plus en plus souvent la photographie impose au rédacteur une nouvelle attitude à l'instant d'écrire. Avant de prendre sa plume, il devra tenir compte des informations que véhiculent les photos. Inutile, par exemple, de s'attarder sur la violence d'un conflit si les images la montrent.

2. **L'infographie gagne du terrain.** – Dans le même ordre d'idées, la place prise au fil de ces dernières années par l'infographie est très significative. Longtemps, s'alignant avec répugnance sur les pratiques de la presse scientifique, les journaux ont publié des courbes, des histogrammes ou des cercles fractionnés censés illustrer quelques chiffres. Le graphisme de ces éléments était peu engageant, la lecture des chiffres malcommode, la visualisation des mouvements peu convaincante.

Les capacités de traitement graphique amenées par l'informatique ont d'abord amélioré les tracés. Puis l'idée est venue de rendre ces documents plus gais. On a remplacé des colonnes de hauteur variable pour dire, par exemple, un nombre de ventes de voitures par des voitures de grosseur plus ou moins importante. De petits personnages qui montent ou descendent sur les courbes sont apparus. Parfois, l'idée est venue de croiser graphisme et photo.

Dans la droite logique de l'évolution qui vient d'être décrite, l'infographie, jadis totalement accessoire, est presque devenue dominante. Certains journaux réservent des places obligées à des infographies et emploient tout exprès des rédacteurs pour rechercher des chiffres à mettre en images.

Là encore, donc, avant de prendre son stylo, le rédacteur devra songer à celles des informations qu'il ne retracera pas par écrit, mais qu'il confiera à un infographe.

3. **Le retour du dessin.** – Le dessin de presse apparaît à la naissance même des publications populaires. Daumier, avec ses magistrats et ses bourgeois bedonnants, est là pour nous le rappeler. La caricature a

longtemps tenu bon, et le Plantu de la une du *Monde* est une institution, comme fut le Faizant dans *Le Figaro*. Pour autant dominait l'idée que le dessin était un peu à part, comme un petit carré réservé à l'impertinence ou à des portraits joliment enlevés. À l'occasion, des bandes dessinées – les strips américains – trouvaient leur place, mais toujours à part, dans un exercice qui n'était pas tenu pour journalistique. Une évolution se fait. Un dessinateur comme Chapatte, collaborateur du *Temps* de Genève et de diverses publications américaines, propose épisodiquement de véritables reportages dessinés (par exemple à Gaza). Dans leur principe, ils peuvent faire penser à ces grands reportages photographiques aujourd'hui très rares, qui avaient comme projet de reconstituer un événement. À l'occasion, *Libération* a suivi cette voie. *La Revue XXI*, remarquable réussite de création journalistique, a beaucoup travaillé dans cette voie. Et les émules se multiplient.

Au total donc, qu'il s'agisse de la photographie, de l'infographie, du dessin, le discours journalistique s'éclate en autant de moyens d'expression divers qu'il s'agit de coordonner pour créer du sens. Internet qui est totalement conçu ainsi a joué un rôle d'aiguillon dans cette évolution qui avait cependant débuté avant lui.

4. **Une écriture Internet ?** – L'effet de nouveauté que crée le recours massif à Internet a pu suggérer qu'il y aurait une écriture Internet spécifique. C'est faux. C'est même l'exact contraire qui est vrai. En raison des contraintes manifestes de lecture sur un ordinateur (scintillement de l'écran, une difficulté de lecture estimée à un quart de plus que sur le support papier, un nombre de lignes limité avant déplacement du curseur), on assiste à un grand retour d'une écriture de type agence de presse : phrases courtes, pas de fioriture. Et les possibilités de

renvoi par des liens à d'autres temps du récit ne sont rien d'autre que le recours massif à des angles différents pour une même histoire. De même, l'introduction de sons, de vidéos n'est conceptuellement pas différente de celle des photos ou des infographies que nous venons de signaler. On peut au contraire estimer que les concepteurs de sites poussent à l'extrême l'utilisation des concepts classiques sur lesquels jouaient déjà leurs devanciers de la presse écrite. Il est, à cet égard, tout à fait frappant de relever que les conseils d'écriture sur le Net qui courent les blogs spécialisés sont une reprise à l'identique des plus classiques manuels d'écriture journalistique.

III. – Une pratique journalistique de plus en plus collective

1. **Une information en plusieurs expressions.** – La modification qu'avaient entraînée les nouvelles pratiques dans la hiérarchie des journaux a déjà été signalée. L'exercice jusque-là très solitaire du journaliste devient de plus en plus collectif. La scénarisation doit être envisagée dès les prémices d'un reportage ou d'une enquête. Ainsi, le journaliste recherchera, le cas échéant, les éléments (chiffres, photographies, informations) nécessaires en fonction de longs travaux préparatoires sur son sujet. La prééminence de la photographie dans la presse magazine suppose toute une organisation du travail du journaliste compte tenu des illustrations prévues. Il doit parfois, ainsi, non seulement collecter de l'information, mais aussi organiser certaines séances de prises de vues sans lesquelles ses écrits ne seront pas publiés. Ainsi de ces clichés désormais bien classiques où sont réunies des personnalités très diverses : « Les hommes qui font bouger Rhône-Alpes », « Les artistes qui marqueront la saison », etc. Chef de service, assistante, directeur

artistique, simple journaliste travailleront ensemble qui pour réunir au bon endroit des personnalités, qui pour rassembler les statistiques nécessaires à l'infographie, qui pour repérer les ressources des photothèques et qui, enfin…, pour chercher de l'information. Dans ce contexte, l'écriture journalistique qui nous intéresse ici n'est aucun de ces éléments pris isolément. Elle est la somme de la photographie, de l'infographie et de l'écriture tant il est vrai que le lecteur perçoit son journal comme un tout. Aucun reporter ne peut faire l'économie d'un minimum d'attention au travail de ses collègues photographes ou infographes.

La scénarisation de l'information est particulièrement sensible à l'échelle de la page de journal. Les responsables de la publication chercheront à y créer du relief, notamment par le recours à certains genres journalistiques particuliers. C'est évident s'agissant du recours à l'interview. Elle est agréable à lire parce qu'elle est courte et parce qu'y alternent, sous l'une de ses formes du moins, des caractères d'imprimerie différents pour les questions et les réponses. Cela repose l'œil. En outre, le genre est vivant. En conséquence, très souvent, le rédacteur en chef l'imposera à son collaborateur en marge d'un article voisin plus long (enquête ou reportage). Ainsi, le choix peut être à la fois tributaire de l'intérêt objectif des informations d'un article et de son apparence visuelle dans le journal.

2. **La fabrication intriquée dans l'écriture.** – Cette intrication du contenant et du contenu, cette atomisation de toutes les manières de dire permettent même d'envisager que la fabrication dans ces modalités nouvelles soit considérée comme une phase de l'écriture.

Longtemps, les tâches en question ont été jugées comme nettement séparées de celle de conception. La fabrication était considérée comme accessoire. Ses responsables avaient tout juste le droit à des coupes, objets de multiples incidents avec les auteurs des textes, et à la correction des fautes d'orthographe ou de syntaxe. Les rédacteurs portaient un souverain mépris à ces secrétaires de rédaction. Désormais, toutes les fonctions se retrouvent en un seul appareil : l'ordinateur, auquel chacun sait accéder.

En outre, les technologies électroniques permettent de se livrer en temps réel à tous les essais désirés pour rechercher la présentation la plus pertinente, les imprimantes permettant de sortir en quelques secondes ce que sera exactement la page finale. C'était jadis théoriquement possible, mais long et compliqué en sorte que les métiers de la fabrication relevaient bien de l'exécution. Ils tendent désormais à gagner de l'importance du côté de la conception. Selon les pratiques de tel ou tel journal, ils peuvent même avoir une claire influence sur l'écriture des articles.

En vérité, dans bien des journaux, le contenant prime désormais le contenu. C'est l'évidente perversion du concept de « formule », perversion qui, du reste, finit toujours par se payer. Un journal ne peut pas être qu'un graphisme. Même si, hélas, certains patrons de presse sont fort proches de le penser, les lecteurs, eux, restent fidèles à l'idée qu'« il doit y avoir quelque chose à lire », même s'ils s'abandonnent souvent, trop souvent, à des passades avec des publications qui n'ont que l'apparence d'un journal.

3. **Une parenté de plus avec l'audiovisuel.** – Le travail de plus en plus collectif est un trait commun supplémentaire entre l'écriture de presse et celle de l'audiovisuel. En effet, pour des documentaires en particulier, la réflexion préalable entre journaliste, réalisateur,

parfois chargé d'édition et rédacteur en chef est la règle. En sorte que l'équipe qui part sur le terrain va y chercher des situations bien précises. Trop précises même parfois, car il est vrai, pour la presse écrite comme pour la télévision, que ces réflexions sur la scénarisation du récit peuvent conduire à un aveuglement du journaliste sur le terrain, celui-ci ne cherchant plus ce qui s'y passe vraiment, mais ce qu'il sait pouvoir rendre attractif par son récit.

Par ailleurs, le recours aux techniques de numérisation a apporté, là aussi, une formidable souplesse puisque l'on peut sans dommage faire autant de montages que voulu sans dommage pour les images tournées. C'était impossible avec un support film ou dans les premiers temps de la vidéo, du moins sans un alourdisement insupportable des procédures.

IV. – Le poids de la communication

De la même manière que la composition des récits ces dix dernières années a été de plus en plus sensible au poids de l'image, l'influence des techniques de communication sur les choix rédactionnels est devenue très envahissante. Les attachés de presse, de relations publiques et autres « directeurs de la communication » ont pris une place excessive dans la diffusion de l'information.

Sans doute, cela importe peu pour les techniques d'écriture qui constituent le cœur de ce propos. On écrira pareillement un reportage « encouragé » par un service de presse que celui librement décidé par une rédaction.

Cependant, le lecteur justement critique vis-à-vis des médias qu'il fréquente a droit à quelques clefs pour une bonne appréciation de sa lecture.

1. **Un poids économique.** – L'information coûte de plus en plus cher. Frais de transports et d'hébergement, salaires des personnels, charges sociales : ce qui vaut pour n'importe quelle entreprise vaut pour la presse. Or le public, familiarisé par la masse d'informations qui lui est offerte gratuitement, même si ça n'est pas de façon désintéressée (bulletins municipaux, associatifs, etc.), est de moins en moins disposé à payer au prix fort ce qui, pourtant, le mériterait.

Ce constat est à mettre en regard avec l'intérêt de plus en plus stratégique de grandes institutions (administrations, entreprises, organisations humanitaires...) à donner d'elles-mêmes une image favorable. Elles y consacrent des budgets importants. Ils sont dépensés pour une part « innocemment » à concevoir des documents flatteurs qui seront largement répandus. Il est moins innocent qu'une autre part soit affectée à payer des frais que les médias eux-mêmes devraient assurer (voyages de presse pour présenter un produit, par exemple).

Hélas, les contraintes économiques croissantes des gestionnaires de rédactions aboutissent trop souvent à privilégier des sujets « qui ne coûteront rien ». Des émissions de télévision entières se nourrissent de reportages tournés dans ces conditions. Ce qui est ici en cause n'est pas la corruption de journalistes – tout à fait marginale –, mais plutôt une moindre vigilance qu'encourage le coût toujours élevé de la recherche d'une information fouillée.

Ainsi, des secteurs entiers de l'actualité ne font plus l'objet d'une information équitable en raison d'une influence exagérée des services de communication. C'est particulièrement le cas des cosmétiques, du tourisme, du cinéma, du show-business et, dans une certaine mesure (décroissante), de l'automobile, etc.

2. **Un déséquilibre de fond.** – Ces pratiques créent inévitablement, du point de vue du lecteur, un déséquilibre dans l'information qu'il reçoit. Les médias seront nécessairement moins attentifs aux organisations ou aux secteurs qui n'ont pu financer de services de communication.

Le fait pour un journaliste, en dehors de toute suspicion de complaisance, d'être quotidiennement écrasé par la correspondance de services de communication (communiqués, dossiers de presse, etc.) ne peut pas être sans effet sur son activité. Pendant qu'il lit ces textes, il n'a pas le temps de s'occuper d'autres informations moins accessibles mais éventuellement plus graves.

Ainsi, dans l'information qui occupe journellement les médias, deux grandes catégories doivent être nettement distinguées. Les informations « communiquées » sont celles qui sont rendues publiques à l'initiative d'un partenaire, le plus souvent pour servir sa stratégie (politique, commerciale ou autre). L'annonce d'un nouveau plan contre le chômage, la présentation d'un bilan d'entreprise ou d'un nouveau modèle relèvent de cette catégorie. En regard de ces nouvelles, d'autres circulent à l'initiative des journaux qui ont choisi d'y consacrer du temps de recherche. Aucun organisme indépendant n'a fait l'évaluation de la part exacte des informations « inspirées » de celles qui circulent à l'initiative des médias. Les premières l'emportent très largement sur les secondes.

Sans doute, la presse se doit de relayer les annonces de certains organismes (présentation des dispositions d'une rentrée scolaire, de nouvelles mesures gouvernementales, compte rendu de conseil municipal, etc.). Mais elle ne regagnera des lecteurs et les médias audiovisuels des auditeurs que lorsqu'ils auront rééquilibré leurs pratiques. Du reste, il faut observer que quelques beaux succès de presse le prouvent.

3. **Des pratiques déloyales.** – Aussi marginaux soient-ils, certains comportements des protagonistes du monde de la communication entachent gravement leur réputation. Des pressions sur le contenu rédactionnel sous la menace de suppression de publicité de la part de professionnels de la grande distribution, des cosmétiques ou du tourisme, par exemple, sont, hélas, fréquentes. Elles ne sont pas les seules.

Des cadeaux plus ou moins dissimulés sous forme de mise à disposition de matériel, par exemple dans l'informatique, sont également des pratiques à bannir.

Qu'enfin des journalistes acceptent d'interviewer à la chaîne des vedettes de cinéma, à raison de cinq minutes d'entretien pour chacune d'entre elles, est un abaissement qu'ils devraient refuser.

Les métiers de l'information ont le mérite par rapport à beaucoup d'autres de rendre finalement (et certes tardivement) publiques leurs propres turpitudes. Cela se fait certes par l'intermédiaire des colonnes du concurrent… ou par celles d'un journal satirique, mais du moins les pratiques fâcheuses finissent-elles souvent par se savoir. D'autres professions, de la médecine à la magistrature en passant par les affaires, gagneraient sans doute à autant de fair-play. Pour autant, cela ne saurait exonérer la presse de se réformer.

Chapitre III

LA CONSTRUCTION

La (bonne) construction d'un article, d'un documentaire ou d'une émission de radio repose sur la détermination de l'information centrale qui fait l'objet du développement. Elle peut être très limitée, voire anecdotique. Mais elle doit être dégagée nettement et sans délai. Pas d'introduction méthodologique, de justification de l'intérêt de la démarche, de longue présentation des sources disponibles, d'« attendus que ». La construction des écrits journalistiques, à l'inverse d'autres, ignore les moules.

Tout doit s'adapter à l'information centrale. L'écriture informative est dominée par la volonté d'affirmation, de démonstration. C'est ce qui la fait parfois percevoir comme brutale, caricaturale et contestable.

I. – La détermination de l'information

Qui ? Quoi ? Où ? Quand ? Comment ? Pourquoi ? En somme, de quoi s'agit-il ? Le journaliste est d'abord payé pour déterminer cela. On peut le formuler avec plus de finesse : qui est l'acteur principal de cet événement ? Que s'est-il passé ? Dans quel lieu ? À quel moment ? Selon quelles circonstances ? Quelle en est la cause ? Le bon article doit d'abord donner réponse à ces questions, de la façon la plus précise possible. Il ne le peut pas toujours, mais c'est un idéal à atteindre. Le texte qui répond à trop peu de ces questions va laisser au lecteur un sentiment de malaise, parfois faire douter de la loyauté de l'auteur. On sera alors proche de l'allusion, de la rumeur.

1. **La hiérarchisation.** – Le journaliste doit non seulement donner ces réponses, mais également hiérarchiser leur importance. Selon les circonstances, le *quand,* le *comment,* le *pourquoi* peuvent l'emporter sur le *qui* ou le *quoi*. C'est là la part de choix du journaliste, sa responsabilité. C'est aussi le premier service qu'il doit à son lecteur.

Cette fonction de hiérarchisation est d'autant plus délicate qu'elle sous-tend, bien sûr, l'élimination d'informations périphériques. Un article, un documentaire, est construit sur une seule information dominante. Sans doute, le journaliste peut rechercher l'aspect sous lequel il synthétisera le plus d'éléments à sa disposition (cf., ci-dessous, section II, « L'éclairage »), mais il y a une seule information qui puisse être vraiment développée. Les autres n'apparaîtront que de façon incidente pour nourrir la principale. Ce relief construit à partir du magma des faits et qui dessine soudain un ordre doit montrer ce qui est important pour le lecteur. On est ici à l'inverse de l'encyclopédique. L'écriture journalistique part d'une élimination liminaire, d'un choix radical. C'est ce qui l'éloigne, par exemple, de certaines écritures scientifiques où les auteurs ont soin d'abord de balayer l'éventail de toutes les hypothèses ouvertes. D'où le peu d'estime que les scientifiques portent souvent aux journalistes, coupables, à leurs yeux, de choix bien rapides et bien tranchés.

L'application de ces principes saute aux yeux à la lecture des textes d'agences de presse pour lesquelles ils sont de véritables articles de la loi.

« Thon rouge : Des États méditerranéens de l'UE contre une nouvelle baisse des quotas », titre *Le Monde* du 28 octobre 2010. « Les ministres de la Pêche des États méditerranéens de l'Union européenne (UE), dont la France, se sont unanimement opposés, mardi 26 octobre, à la proposition de la Commission de Bruxelles de réduire de 13 500 tonnes, en 2010, à 6 000 tonnes en 2011, le quota mondial de pêche au thon rouge. » L'Europe doit définir une position commune avant la réunion de la Commission internationale pour la conservation des thonidés de l'Atlantique, du 17 au 27 novembre à Paris. La navigatrice Isabelle Autissier, présidente du WWF-France, dénonce « la volte-face de la France pour des raisons visiblement électorales ».

La hiérarchisation est ici évidente. D'abord, la décision : ici, le refus. Puis le contexte, ici la nécessité d'être prêt pour une future réunion. Enfin une réaction. La construction rappelle en l'occurrence : la situation, ses causes, ses conséquences.

2. **Une hiérarchie par contrat.** – Cette hiérarchie a d'une part cette justification interne que nous venons de dire : souligner l'importance relative de chaque facteur. Elle a aussi une justification externe qui introduit à nouveau l'idée de rentabilité. Les clients des agences de presse sont répartis dans le monde entier et donc tributaires de fuseaux horaires différents. Pratiquement à chaque instant, quelque part dans le monde, un journal, une radio, une télévision, clients d'agences de presse arrivent à leur « bouclage », c'est-à-dire au moment où ils ne pourront plus ajouter d'information. D'où l'importance pour eux de savoir que les dépêches qu'ils vont recevoir dans ces moments de grande tension sont rédigées de telle manière qu'elles donnent aussitôt l'information importante, celle qui, peut-être, va justifier que l'on retarde le tirage ou que l'on modifie la présentation d'un bulletin radiophonique

ou télévisé. Aucun n'accepterait de recevoir alors des textes commençant par des exposés méthodologiques.

Les études spécialisées montrent que même le lecteur éloigné de ces préoccupations très particulières veut « tout, tout de suite », c'est-à-dire le cœur de l'information d'abord.

Relevons enfin ici la distance prise avec le déroulement chronologique des événements. En cela, à nouveau, l'écriture journalistique se distingue nettement de certaines écritures administratives ou universitaires.

Dès l'énoncé de l'information s'impose pourtant l'évidence de la part de subjectivité inhérente à l'écriture journalistique. Il n'y a, en vérité, plus aucun débat à ce sujet à l'intérieur de la profession. Chaque journaliste sait bien que c'est sa perception personnelle de l'ordre des facteurs (qui, quoi, où...) qui conduira sa plume.

La détermination de l'information dominante devient plus délicate lorsqu'il ne s'agit pas à proprement parler de rendre compte de faits, mais plutôt du mouvement des idées ou de tendances sociologiques. Quelle information domine la présentation d'une pièce de théâtre ? ou un recensement de la population ? ou même un conflit militaire nécessairement plein de rebondissements et de péripéties contradictoires ? ou encore, *a fortiori,* les modes de vie familiaux dans la province française ? Dans ces cas, alors, la responsabilité du journaliste est plus clairement engagée. Le choix est, hélas, difficile. D'un côté, la simplification, la vulgarisation qui peut aller jusqu'à la caricature. De l'autre, l'exhaustivité, mais au prix d'une difficulté à lire qui découragera, peut-être, bien des lecteurs. C'est en ces circonstances qu'on l'accuse d'être « réducteur ». Ce débat-là ne sera jamais tranché.

II. – L'éclairage

L'information s'impose au journaliste de bonne foi. Il est rare que les principales réponses aux questions de base ne sautent aux yeux. Mais le choix de l'éclairage sous lequel sera traitée l'information, lui, peut être l'objet de débat. Il s'agit de valoriser un aspect de l'information qui paraît le plus inédit. Naturellement, ce choix est toujours contestable. Il peut être la traduction d'un parti pris.

1. **Le relief de l'information.** – Chaque information présente, en effet, un aspect plus intéressant que d'autres. Lorsque l'événement est spectaculaire – l'élection du président Obama –, le seul récit de son déroulement – le « factuel », comme disent les journalistes – retiendra l'attention du lecteur. Mais la plupart des informations – vote de budget ou de texte de loi, foire, querelle politique, compétition économique – ont déjà été souvent partiellement présentées. Le choix de l'éclairage devient alors déterminant pour l'intérêt de la lecture. Un tremblement de terre en Turquie peut appeler un éclairage humain sur le sort des familles touchées ; un autre, sur l'organisation des secours ; un éclairage scientifique sur la sismologie de la zone ; un éclairage politique sur l'existence ou non d'une politique de prévention de ce type de tragédies, etc.

Ce choix de l'éclairage doit être nettement distingué du prétexte à traiter un sujet. Il est certes vrai, en effet, que les journalistes cherchent toujours les occasions d'aborder un thème (anniversaire, exposition, etc.), même quand elles sont lointaines. Il s'agit là alors d'une manière d'animer une publication, de la faire coller à l'actualité, d'articuler son contenu avec la vie des lecteurs, pas d'une technique de construction d'un article.

L'éclairage – l'angle, comme l'on dit aussi – est adapté au support pour lequel le journaliste travaille, fréquemment débattu, parfois imposé. Une publication définit, en effet, son identité – si l'on préfère : son parti pris – par son regard sur le monde. Dans le quotidien de la vie d'un journal, c'est la priorité donnée à certains éclairages qui sera la traduction pratique d'un choix éditorial. Une publication réputée « progressiste » multipliera l'examen des aspects humains de l'actualité. Son pendant conservateur, à l'inverse, s'attardera aux angles économiques et gestionnaires des problèmes. C'est donc moins sur la délivrance d'informations qu'ils devraient se différencier que sur leur mode de traitement.

Certains journalistes se font parfois connaître par leur capacité à apporter tel éclairage particulier. De la même manière que le photographe Henri Cartier-Bresson n'avait pas le même regard que son collègue Franck Capa, les rédacteurs n'ont pas les mêmes sensibilités. Tel est bon, dit la rumeur professionnelle, dans les sujets humains. Tel autre cherchera partout la contradiction. Tel encore aime fouiller jusqu'au moindre détail dans les dossiers. Tel, au contraire, est un homme de terrain par excellence qui sait peindre les ambiances et raconter les hommes. Aucun de ceux-là ne choisira le même angle pour une même information.

2. **Les choix rituels.** – Les choix d'angles les plus élémentaires se trouvent dans une déclinaison des questions de base qui sous-tendent l'information. Ainsi, le désir de clarifier le *« pourquoi »* de telle information est un classique du genre : pourquoi donc ce refus d'États européens d'interdire une pêche si prédatrice ?

D'autres questions se posent de façon répétitive pour bien des événements. Que nous apprend l'Histoire à ce sujet ? Chaque grande catastrophe donne, par exemple, l'occasion de rappeler celles qui ont précédé. De même pour les grandes conférences internationales, les grands traités, etc. Quel est l'aspect financier du sujet ? Et l'aspect pratique, toujours utile aux lecteurs ?

Le choix de l'éclairage peut être dicté par la périodicité du support. Lorsque survient un événement, les médias les plus « chauds », qui n'ont pas le temps du recul par rapport à l'actualité (agences de presse, radios, télévisions), se cantonnent souvent à l'éclairage « factuel », c'est-à-dire à un récit de l'événement. Pourtant, même dans ce cas, ils font des efforts pour en diversifier les aspects.

Et puis il y a les orientations éditoriales. Le 8 octobre 2004, les quotidiens *Le Figaro* et *Libération* rendent compte de la publication d'un rapport officiel américain reconnaissant l'absence de fondement à ce qui fut le prétexte de l'invasion de l'Irak en 2003 : la présence éventuelle d'armes de destruction massive. *Libération* en fait sa manchette de « Une » et, en pages intérieures, consacre un éclairage sur le rapport lui-même, un autre sur des personnalités dont des Françaises mises en cause. Il publie à cet égard un démenti du Parti socialiste. Un autre éclairage sous forme d'analyse nous indique que « Bush s'empêtre dans son mensonge » et, en complément de cette observation, le journal publie un recueil de citations du président américain. Tout cela est enrichi d'un éditorial. *Le Figaro* publie un article titré : « Un rapport met en cause la France » qui insiste sur la corruption possible de personnalités socialistes françaises. C'est à la fois un angle politique logique pour le grand quotidien conservateur français et une volonté de privilégier une dimension française dans une actualité étrangère. Un très court éclairage complémentaire est apporté sur l'attitude du Premier ministre britannique à l'égard des conclusions de ce rapport.

Toujours battus sur ce terrain de l'actualité, les hebdomadaires, ou les mensuels, vont devoir trouver encore des éclairages nouveaux de l'événement malgré ce premier défrichage important : « Mais pourquoi donc ? », « Quels sont les acteurs cachés de l'affaire ? », « La version officielle est-elle la bonne ? ». Parfois, c'est du côté de l'insolite qu'il faut chercher : « À quoi ressemblent les comptes d'exploitation des boîtes de nuit parisiennes ? », « La foi inébranlable de tel grand champion de ski ».

La recherche de l'éclairage est ainsi un important travail en soi-même, presque aussi important que la recherche d'informations. « Tout a déjà été dit, c'est la manière de le dire qui compte », entend-on périodiquement auprès des plus expérimentés. Certains dirigeants de rédaction ou chefs de rubriques se font la réputation de trouver si volontiers des regards originaux qu'ils en deviennent pour cela recherchés.

3. **La proximité du lecteur.** – La détermination de l'éclairage sert, bien sûr, l'attractivité du journal. Certains angles sont notoirement « vendeurs », d'autres au contraire ont peu de succès. L'examen des couvertures de magazine est, à cet égard, très édifiant. Les titres qui s'y trouvent disent en effet les choix éditoriaux, donc les éclairages privilégiés de la publication concernée. Tous cherchent plus ou moins la « proximité » du lecteur. Poussant cette attitude jusqu'à une forme ironiquement caricaturale, le quotidien *Libération* a, un temps, intitulé une rubrique « Parlez-moi de moi ». C'est bien de cela qu'il est question. Le lecteur a besoin de se reconnaître.

Une agence de presse suisse InfoSud définit ainsi « Les critères incontournables de la presse du Nord :

« 1/ *News is new* (nouveau) ;

« 2/ *News is now* (actuel) ;

« 3/ *News is near* (proximité) ;

« 4/ *News is star* (vedettes, personnalités) ;

« 5/ *News is weird* (étonnant, insolite) ;

« 6/ *News is bad news* (les trains qui partent à l'heure sont impubliables, sauf s'ils entrent dans la catégorie n° 5). »

Cette hiérarchie est suivie par la plupart des titres. Pourtant, la nouveauté n'attire pas toujours. Au contraire, la « prémédiatisation d'un sujet » par les concurrents, c'est-à-dire le fait qu'ils le popularisent, pourra bénéficier au périodique qui tarde à s'y intéresser. Certains d'entre eux sont connus pour choisir leurs reportages largement en fonction de ce critère.

Les médias vont décliner ce qui est proche du lecteur sur les plans géographique, affectif, intellectuel. D'où la solidité de la presse régionale. D'où les scores de la presse du cœur et du rêve. D'où les titres « Votre argent » ou « Votre mal de dos » avec l'intention évidente de montrer au lecteur que l'on parle de lui en particulier. D'où la multiplication des éclairages « pratiques » censés aider la vie quotidienne du lecteur. Des rubriques entières, parfois des journaux entiers sont construits sur cet éclairage (le consumérisme, la santé, l'automobile).

Quelques règles sont devenues immuables en la matière. On parle même de « loi de proximité » en partant de l'idée que le lecteur à séduire est au centre d'une cible, que certaines thématiques lui sont naturellement proches, d'autres, au contraire, naturellement éloignées. Leur bonne connaissance inspire souvent le choix des éclairages dans le traitement d'une information.

A) *Le lendemain plutôt que le jour même.* – La projection dans un avenir proche, c'est-à-dire accessible au lecteur, va être systématiquement privilégiée. Chacun peut constater l'attention avec laquelle sont suivies des rubriques comme la météo, les difficultés de circulation ou… l'horoscope. Elles ont en commun, outre leur aspect pratique pour les deux premières, de renvoyer aux instants mêmes qui suivront la lecture du journal. Plus généralement, le journaliste aime à examiner un au-delà tout proche.

Au moment des élections européennes de 2014, alertée par des vagues de sondages aux conclusions constantes, la presse française publiait dès avant le vote des articles intégrant l'échec en termes de participation et le médiocre score des grands partis classiques.

B) *La rue avant la planète.* – Le journalisme se défie du passé et de tout ce qui sur l'échelle du temps est éloigné. Mais c'est vrai aussi dans l'espace.

En mai 2014 eut lieu en Suisse une vague de référendums d'initiative populaire. Une des questions posées aux électeurs concernait l'éventuelle instauration d'un salaire minimum qui, selon les critères des autres nations, paraissait un des plus hauts du monde. Au même moment était soumis aux Suisses le choix de l'acquisition pour l'armée d'un avion d'origine suédoise, le *Gripen*. La première question qui a passionné les médias étrangers est sur place passée quasi inaperçue, car les médias locaux savaient bien que ce salaire minimum serait refusé par le corps électoral. En revanche, le débat sur l'avion suédois (finalement refusé) a passionné localement parce qu'il posait la question du rapport du peuple à son armée. En réalité, les journaux aussi bien français que britanniques, en se passionnant pour ce salaire minimum, abordaient un sujet pour eux local. C'est en Grande-Bretagne, c'est en France que les discussions sur ce SMIC étaient vives. Pas en Suisse. Sous les apparences de la couverture d'une actualité internationale, ces journaux faisaient en fait écho à une actualité locale.

Le phénomène est connu : il explique le succès déjà signalé de la presse régionale en regard de la fragilité de la presse nationale. L'une, qui diffuse chaque jour environ 5 millions d'exemplaires, s'appuie sur l'exploitation systématique de cette proximité locale ; l'autre, qui traîne autour de 1,5 million d'exemplaires, n'a pas cet argument. L'intelligence de ses commentateurs, le prestige de ses éditorialistes ne pèsent pas lourd face à la certitude de trouver au bas d'une colonne l'indication de la pharmacie de garde et des heures d'ouverture de la piscine.

Hélas, cette règle explique aussi l'inintérêt manifeste du public pour des continents entiers. Ainsi de l'Afrique : « 2 % de nos surfaces rédactionnelles sont consacrés au 80 % de la planète qui bouleverseront la planète aux XXIe siècle », estiment Daniel Wermus et Ram Etwareea, animateurs de l'agence de presse InfoSud déjà citée.

C) *La vie professionnelle.* – Un autre phénomène de proximité joue à plein : celui du centre d'intérêt professionnel ou technique. La presse professionnelle est florissante en dépit, très souvent, d'imperfections rédactionnelles nombreuses et d'une forte sujétion vis-à-vis d'un petit nombre d'annonceurs obligés. Le lecteur, expert, sait lire entre les lignes et pardonne cette partialité. L'important, c'est qu'on lui parle de lui.

La vie professionnelle amène, bien entendu, tous les thèmes relatifs aux revenus. Ils font l'objet d'une intense curiosité. D'où ces couvertures bien connues de magazine : « Le salaire des cadres » ou « Êtes-vous bien payé ? », le second étant, du reste, une simple reformulation du premier. Cet aspect de la vie professionnelle peut lui-même être sous-divisé en d'autres éclairages. Ainsi des aspects pratiques : « Les bons trucs pour… » Ainsi encore de tous les aspects dérivés concernant la fiscalité : « Comment payer moins d'impôts ? » Ainsi enfin du thème du chômage, désormais très présent, y compris lorsqu'il s'agit de traiter la vie… professionnelle.

D) *Les miens.* – Dans l'échelle des préférences psychologiques jouent à plein, là encore, les éléments de proximité : la famille avec chacune de ses composantes, en commençant par les plus proches (les enfants), les animaux domestiques, les voisins, les confrères…

E) *L'encyclopédique.* – Une des évolutions récentes de la presse magazine aboutit à mettre volontiers en avant les angles permettant la compréhension d'un phénomène, d'un mécanisme… S'y manifeste la volonté d'y faire « du scolaire intelligent à portée des adultes ou des adolescents ». Des trésors d'efforts pédagogiques sont ainsi menés à grand renfort de moyens de présentation attractifs (photos, infographies, etc.). Un lien de parenté évident entre l'édition et la presse existe en la matière. Depuis quelques années, en effet, les résultats de ventes de livres montrent une constante progression des ouvrages de grande vulgarisation. On est, bien sûr, tenté de relier ces données à la scolarisation d'une population sans cesse plus vaste, même si cette scolarisation est l'objet de vives polémiques quant à ses résultats.

F) *L'air du temps.* – L'air du temps a sa part. Que sorte un film à très grand succès, qu'éclate un scandale qui visiblement remue l'opinion publique, qu'un personnage même secondaire devienne médiatisé, et l'on cherchera volontiers des histoires ressemblant à celle du film, des scandales proches de celui déjà survenu, des personnages qui peut-être eux aussi parviendraient à la médiatisation.

G) *Le hors-norme*. – La presse est enfin gourmande du « hors-la-norme » (cf. *supra*). Daniel Cornu relève ainsi « l'insistance particulière des médias à tenir une sorte de *Guiness Book of Records* dans tous les domaines de l'actualité, à souligner par leurs titres ou commentaires le caractère inédit de l'événement ».

III. – Un seul éclairage

Le croisement de l'information dominante par son éclairage définit le sujet de l'article. C'est donc le concept central de l'écriture journalistique.

L'opinion a longtemps prévalu que tout article, tout documentaire ne pouvaient être construits que selon un seul éclairage. Nous la partageons. L'idée que l'on puisse, sur la maigre distance d'un article de presse ou d'un reportage de télévision, correctement rendre compte à la fois de la dimension politique, économique, sociale et historique d'une décision est illusoire.

1. **L'empilement des angles.** – Une évolution relativement récente aboutit cependant à l'apparition d'articles conçus un peu à la manière d'exposés oraux où les différents problèmes soulevés par une situation nouvelle sont traités successivement avec la même volonté d'exhaustivité dans la synthèse… qu'un « Que sais-je ? »

La Tribune de Genève du 29 octobre 2010, sous le titre « La Chine en puissance », se propose de décliner six angles (« Les Chinois se voient-ils déjà en superpuissance ? », « Faut-il craindre un nouvel impérialisme chinois ? », « Quelles sont les priorités de la Chine à l'extérieur ? », « Faut-il s'inquiéter du boom de l'armée ? »,

« Un clash est-il inévitable avec les États-Unis ? » enfin « Pékin veut-il imposer un "modèle chinois ?" »). Il faut prendre acte de cette évolution malgré les risques quant à la clarté du propos dont elle est porteuse. Au passage, relevons aussi ici le procédé du faux questionnement. Car bien sûr l'auteur a surtout des réponses à apporter. La formule a seulement comme intérêt d'inciter le lecteur à entrer dans le texte – et pas forcément au début – par des questions qu'il est censé se poser.

La télévision accentue la tendance à construire ses récits en ne prenant en compte que des éclairages très resserrés.

Ainsi apparaît, incidemment, qu'en matière d'écriture journalistique existent des « écoles », au gré de l'influence de tel ou tel rédacteur en chef ou directeur artistique. Elles ont un contour très flou et ne peuvent être classifiées. Les emprunts à plusieurs simultanément sont constants. L'appellation d'« école » est même contestable. Souvent, il s'agit davantage de mode, voire de toquades. Deux exemples éclatants de ces vingt dernières années sont particulièrement significatifs : *Libération* d'une part, les titres des groupes allemands (*Prima, Femme Actuelle*, etc.) d'autre part, les uns et les autres ayant été littéralement pillés.

2. **Le risque du thème.** – Le risque qui menace l'écriture journalistique est de se laisser guider par un thème, dans l'acception extrêmement vaste de ce mot. C'est un concept qui n'existe pas en journalisme, du moins en tant que support opérationnel pour l'écriture. Il est beaucoup trop large, trop insaisissable, pour l'animation d'une publication et donc d'une rédaction. « Qui trop embrasse peu étreint », ne cessent de penser les journalistes. « La femme dans le monde moderne » ne peut pas être un sujet d'article. Il n'est même pas

sûr qu'un éditeur accepterait un manuscrit couvrant un champ aussi immense. Même une collection de livres risquerait de se perdre dans une thématique si large. C'est dire, pour s'en tenir au journalisme, qu'il privilégiera toujours des éclairages très limités. Souvent même leur intérêt viendra de ces limites. L'article aura examiné un aspect très étroit d'un problème, mais du moins l'aura-t-il fait plus profondément qu'en prétendant couvrir un champ plus large.

3. **L'écriture sur Internet.** – L'écriture sur Internet, dont on a ici souligné qu'elle n'inventait rien de nouveau du point de vue du texte, est très fragmentée en raison de la faible quantité de texte que peut présenter chaque écran. Par ailleurs, l'usage s'est répandu, là aussi, d'un recours massif à l'image fixe ou vidéo. Les concepteurs de sites tronçonnent donc beaucoup leur propos, recourant ainsi de façon systématique à des angles multiples vers lesquels un « clic » mènera. Le système des liens ou des ancres par lesquels on renvoie soit à une autre page (le lien), soit, dans la même page, à un autre emplacement (l'ancre) n'est que l'adaptation de la démultiplication des angles telle qu'elle existe depuis des décennies.

En revanche, ce qui est totalement nouveau, c'est l'impératif d'un découpage en un très grand nombre de modules qui oblige l'auteur, avant même qu'il ne se mette à écrire, à réfléchir longuement aux multiples aspects possibles de son propos et aux liens qui peuvent unir entre eux différents passages. Cette manière d'écrire radicalement à rebours du déroulement d'un article de presse classique est aggravée par le croisement des technologies. La possibilité, en effet, d'inclure un passage sonore (la déclaration d'un expert…), de renvoyer à partir d'une photo sur un texte, d'inclure un passage filmé impose une scénarisation plus complexe du propos.

Par ailleurs, certains outils qui permettent de lier une information à une carte (ZeeMaps) ou à un axe temporel (Dipity) supposent que l'on décompose totalement le récit en fonction de l'outil. Par exemple, dès les élections présidentielles américaines de 2008, on a pu cliquer, sur le site du *Washington Post*, sur la carte de chaque État pour savoir combien les partis en présence avaient obtenu de nombre de représentants. La petite fiche qui s'affichait (un *pop up*) était remise à jour plusieurs fois par minute. Cela imposait à ceux qui recueillaient ces informations de conditionner leur travail à la forme donnée par cet outil à la fiche de chaque État. Ce procédé s'est développé notablement sur tous les supports par la suite.

Force est de constater en cette occurrence que c'est la technique qui a ouvert des portes avant même la demande journalistique. La formidable inventivité de ceux qui créent ainsi de nouvelles manières de présenter l'information est un phénomène qui pourrait influencer profondément le journalisme dès lorsqu'il prétend s'exercer sur Internet. En effet, force est de constater qu'en l'espèce la forme l'emporte sur le fond. Mais cette forme est si attractive qu'elle pourrait bien l'emporter.

IV. – Le plan

1. **Un plan, par excellence.** – Conséquence mécanique de ce qui précède, l'écriture journalistique ne peut connaître qu'un seul plan, celui qui valorise l'information centrale. Point ici de thèse, d'antithèse, puis de synthèse. Point de présentation de la situation, puis de ses causes, enfin de ses conséquences. Pas davantage d'information centrale finement glissée dans la première

partie de la deuxième sous-partie. Le premier paragraphe de tout article doit dire le cœur de l'affaire. La suite les développe par ordre d'importance décroissante. Sans doute, les modalités de cette écriture-là sont très variées (cf. plus loin l'attaque). Mais la construction est invariable. C'est le plan réputé « en pyramide inversée ».

Une exception est bien connue. Lorsque l'auteur doit exposer la chronologie de faits successifs, il ne peut échapper à remonter le plus loin possible dans le temps, puis à suivre le déroulement des événements. Éventuellement, il peut tricher en présentant une chronologie inversée.

Il est dans la nature de ce type de plans qu'ils masquent l'importance relative de chacun des événements relatés. C'est précisément la raison qui les fait strictement cantonner à un récit de chronologie (« Les grands moments de la présidence Hollande »…). Hélas, le plan chronologique est bien connu des professeurs de journalisme pour être celui vers lequel se dirigent, à tort, les journalistes peu chevronnés. C'est en effet la tentation la plus naturelle, lorsque l'on est hésitant dans la construction d'un récit, de s'abriter derrière l'apparence d'« objectivité » du déroulement chronologique des événements.

Les présentations sous forme alphabétique correspondent, lorsqu'elles sont utilisées, à des gadgets de mise en page, par exemple pour des choix d'achat possibles, plus qu'à une volonté de structurer un récit. Il s'agit alors de donner à picorer de la lecture, non pas à comprendre une logique. Au demeurant, l'emprise croissante des métiers de la mise en page sur le contenu des journaux peut conduire à imposer aux rédacteurs des formes de récits à entrées multiples, notamment alphabétiques. Ils sont justement réputés être plus faciles à la lecture dans la mesure où l'on y entre… et où l'on en sort librement.

Enfin, l'écriture Internet évoquée plus haut met souvent à mal l'idée d'un vrai plan. En « saucissonnant » le propos, elle tend à défaire une construction logique pour – si l'on ose la formule – « fabriquer de l'éclaté ». Au demeurant, cette construction en un grand nombre de modules, pour être réussie, suppose une longue réflexion en sorte que cet « éclatement », s'il est bien contrôlé, obéit à une logique.

2. **La scénarisation.** – À l'intérieur même du plan, la tendance à la scénarisation du récit, particulièrement dans le reportage (cf. chap. IV), se développe. Le phénomène n'est pas vraiment nouveau. De grands journaux de reportage comme *L'Illustration* ont souvent publié des récits de voyage dans lesquels le lecteur suivait ce personnage principal un peu mythique qu'était le reporter, souvent s'exprimant à la première personne du singulier, à travers sa découverte de territoires méconnus.

Ce qui marque l'époque contemporaine, c'est une écriture ouvertement calquée sur ce que serait une construction dans le langage de la télévision et plus généralement du documentaire.

Chapitre IV

LA GAMME DES GENRES JOURNALISTIQUES

Une fois établis l'information et l'éclairage sous lequel on veut la mettre en valeur, le choix ultime est celui du mode de traitement qui en découle. Le journaliste dispose en effet, comme le peintre, d'une palette d'outils qui lui permettent de se faire comprendre : les genres journalistiques.

À grand trait, on peut distinguer parmi eux deux grands ressorts.

I. – Le journalisme assis

Le journalisme assis regroupe tous les genres journalistiques qui doivent leurs caractéristiques à l'écriture, elle-même, au talent littéraire de l'auteur. Ici le style compte avant tout. C'est un journalisme qui ne suppose pas nécessairement d'avoir fait l'effort physique de se rendre sur le terrain (d'où l'idée d'un journalisme assis). Il est souvent réservé à des anciens, à des collaborateurs dont la pensée s'est aiguisée, dont l'écriture vaut par son agressivité, sa drôlerie, son alacrité.

1. **L'opinion.** – Cette écriture-là se justifie d'abord par sa volonté de donner une opinion. Ainsi de l'éditorial, du billet, de l'humeur, du commentaire qui, tous, reposent sur l'aisance à défendre des idées et la capacité

de le faire dans des termes qui ne peuvent laisser le lecteur indifférent. Dans ce genre, la fourchette va, comme le dit la langue populaire, du journalisme d'opinion au journalisme de combat. Sans doute, le simple « commentaire » implique relativement peu son auteur. Celui-ci montre que telle évolution s'inscrit dans telle logique. Cela n'implique pas qu'il en soit d'accord. Il se contente là de mettre au service du lecteur son savoir, sa documentation et sa perspicacité.

L'éditorial ou ses succédanés dévoilent, eux, nettement leur signataire. Par définition, il est ici difficile de transmettre des techniques, car on est là fort près de la littérature. Les mots sont forts, le rythme de la phrase soigné. Souvent, le rédacteur le rompt pour marteler ses arguments. La construction suit un plan didactique pour que les arguments portent au bon moment. Tous les coups sont bons pour parvenir à l'effet souhaité chez le lecteur, dans la même mesure qu'ils le sont pour le romancier pour capter son lecteur. Éditorial, billet et humeur, qui ne se distinguent les uns des autres que par la longueur un peu plus grande pour le premier, usent avec une totale légitimité de toute la subjectivité de l'auteur.

En plein conflit du Kosovo, Régis Debray publie dans *Le Monde* (13 mai 1999) un récit de voyage en Serbie qui heurte de nombreux lecteurs. Le très médiatique Bernard-Henri Lévy lui répond en des termes qui ne visent à aucun moment la prudente objectivité distanciée. « Depuis quelques années, déjà, les choses s'étaient compliquées. Des poussées récurrentes de fièvre chevènementiste. Des appels, un peu ridicules, au retour des blouses grises dans les écoles et des coups de menton nationalistes qui ne lui ressemblaient pas. Un texte navrant contre Venise. Des anathèmes de curé boudeur contre Mai 68 et son héritage. Bref, un côté *serial writer* tirant sur tout ce qui bouge dans les parages de l'esprit moderne et devenant, au fil des textes, le héraut d'une mouvance "national-républicaine" qui n'en finissait pas d'affirmer ses régressions » (*Le Monde*, 14 mai 1999).

2. **La critique.** – La critique journalistique, même lorsqu'elle porte sur des sujets littéraires, doit être nettement distinguée de la critique universitaire en la matière dont la volonté est de disséquer, de créer des catégories, de repérer chaque procédé. Celle-ci relève d'une démarche scientifique et non d'une écriture très subjective.

Ainsi considérée, la critique de presse est, en elle-même, un exercice artistique où l'art du mot qui fait mouche l'emporte sur tout le reste. Cette subjectivité que lui reprochent souvent les artistes, parfois jusqu'au paradoxe, est, cependant, bornée par quelques contraintes. Elle ne peut se dispenser d'un minimum de présentation de l'œuvre concernée qui, fût-ce pour quelques phrases, devra être aussi neutre que possible. En outre, elle doit justifier ses commentaires par des arguments venus d'ailleurs que de la simple détestation de tel ou tel auteur. La bonne critique s'appuie sur une vraie connaissance du genre littéraire concerné, des œuvres d'auteurs proches. Elle compare. Elle rapproche. Elle dissèque. Mais avec humeur, à la différence du travail universitaire. Malgré cela, l'exercice, dans certaines revues, peut devenir très ennuyeux pour le lecteur exposé à un vrai étalage d'érudition. C'est alors l'excès, mais l'érudition est, dans tous les cas, nécessaire. Le vrai talent est de ne pas la montrer, mais de la laisser deviner.

Hélas, les évolutions récentes de cette forme de journalisme vident beaucoup ce débat de sa substance sur la pertinence de la critique. En effet, les médias sont largement dominés dans le traitement de l'information culturelle par des textes de simple présentation. L'auteur rappelle le scénario du film, indique les principaux acteurs et le réalisateur, éventuellement cite une œuvre ancienne connue. La fonction de la critique comme de l'éditorial ou du billet est d'introduire non seulement du contraste avec les autres articles de la publication, mais presque de la chaleur. En effet, aussi talentueux qu'il soit, l'écrit journalistique est intrinsèquement froid. Les auteurs restent assez distanciés des événements qu'ils traitent, des situations qu'ils dépeignent. Seules quelques zones du journal marquent une volonté de donner une densité particulière à tel ou tel écrit… Elles font le plus souvent l'objet d'une présentation particulière, manière de faire comprendre qu'« ici on s'engage ».

3. **Brève et filet.** – Le journalisme assis compte, enfin, la production la plus lue de l'écriture journalistique : l'information brève qui, lorsqu'elle est un tout petit peu plus développée, est baptisée filet. La brève va au maximum jusqu'à 500 signes, très souvent la moitié. Le filet, jusqu'à 1 000. Toutes les études de lecture montrent que les brèves sont les premières informations vers lesquelles se précipite l'œil du lecteur. Longtemps, parce qu'elles étaient réputées « faciles à faire », elles étaient traitées rapidement dans les rédactions. La règle de base était qu'on s'en tenait presque toujours à un éclairage factuel faute d'avoir la place d'argumenter selon un autre angle. On disait qui, où, quand. Si on savait comment et/ ou pourquoi, on était passé de la brève au filet.

Les évolutions de ces dernières années ont amené les éditeurs à estimer que, puisque la brève était presque lue à coup sûr, il fallait encore en renforcer l'attractivité, en espérant que le lecteur, séduit par le ton du journal qui s'y manifesterait, ne craindrait plus, alors, de passer à l'article plus long dans la colonne voisine. D'où des brèves (ou des filets) plus souvent écrites de façon enlevée et des titres souvent elliptiques, parfois drôles. À partir de 2010, *Libération* s'était fait connaître pour des pages de télévision portant ainsi de courtes informations parfois traitées jusqu'à l'impertinence.

II. – Le journalisme de terrain

Comme son nom l'indique, le journalisme de terrain suppose qu'on se déplace. Le critère de qualité est ici le nombre d'informations recueillies et leur exactitude. Certaines rédactions arrivent à admettre que, tel ou tel de leur collaborateur ayant un réel talent pour faire parler des informateurs ou pour trouver des informations cachées dans des documents, mais étant moins heureux la plume à la main, il fera équipe avec tel autre plus habile par son style.

Chacun des genres journalistiques est adapté pour rendre un son particulier. Le reportage, c'est la vie. Le portrait, c'est l'épaisseur humaine. L'interview, c'est la riche sonorité d'une voix. L'enquête, c'est la clarté de la démonstration. Ces caractéristiques, qu'une bonne plume doit savoir rendre, aident à donner du relief à un journal. Surtout, ces caractéristiques étant très différentes les unes des autres, l'opposition sur une même page entre la sérieuse enquête et l'interview plus légère va donner au lecteur le sentiment de la variété de ce qui lui est offert. Elle lui permettra, à diverses heures de la journée, de trouver des motifs nouveaux d'entrée dans la même publication.

1. **Le compte rendu.** – C'est un genre journalistique « faux ami ». Pratiqué à l'excès dans beaucoup de médias, il a l'apparence de l'objectivité. L'auteur, en effet, en est aussi absent que possible, reprenant la plupart des événements ou des propos dont il a été témoin,

souvent dans l'ordre chronologique. D'où un aspect de synthèse parfois fort proche des comptes rendus officiels et administratifs. D'ailleurs, l'histoire des contenus de presse (qui reste largement à écrire) montre que les journaux, à leurs balbutiements, se sont souvent contentés de reprendre des textes officiels. La plupart avaient la forme de comptes rendus.

Ce type d'écrits satisfait pleinement, bien sûr, les organisateurs de l'événement retracé. Il a, en outre, l'avantage d'être facile à rédiger. Le grand oublié de ce type d'écrit est le lecteur qui y trouve, le plus souvent, des motifs de profond ennui. Car l'important, l'intéressant sont trop rarement portés en avant. Le plus grand risque est là. Significativement, tous les journaux qui ont fait des études approfondies du comportement de leurs lecteurs l'ont rayé de leurs usages. La presse magazine grand public n'en comporte presque plus, sauf lorsqu'il s'agit du compte rendu d'un événement resté secret.

Un autre inconvénient, assez pernicieux, vient de ce que le recours massif aux comptes rendus dans les colonnes d'un journal donne en quelque sorte, par un détour singulier, la direction éditoriale de la publication non pas à ceux qui y écrivent, mais à ceux dont le journal dépeint l'activité. Dans trop de comptes rendus, en effet, ce n'est pas le journaliste, terriblement absent, on vient de le dire, qui hiérarchise l'information, mais bien ceux dont il a suivi les travaux ou enregistré les propos. Ce qu'ils affirment être positif le devient sans autre examen sous la plume du rédacteur. Sa fonction de médiateur est presque gommée. Il n'est pas loin de jouer le rôle d'un simple magnétophone. Jour après jour, la publication paraîtra soutenir puis s'opposer à tous les projets dont elle rendra compte sous prétexte de suivre les activités de partisans ou d'adversaires de ces dossiers. Il n'est pas sûr que le lecteur s'y retrouve.

Il n'en est pas moins vrai que dans certaines circonstances (allocution d'une importante personnalité, cérémonie très officielle comme à l'Académie française, etc.) des publications se sentent parfois contraintes à en donner un compte rendu, ne fût-ce que pour mémoire. Le lecteur attentif notera alors combien celui-ci est relégué dans un coin de page et entouré d'autres articles plus attractifs sur le même sujet.

Le Monde a introduit, à la faveur d'un changement de formule, une rubrique intitulée « Verbatim », qui, dans des circonstances comme celles qui viennent d'être indiquées, permet de lire la reproduction sinon intégrale, du moins abondante de propos tenus.

2. **Le reportage.** – C'est le genre mythique du journalisme. Hélas, le mythe prête à confusion. Ainsi, le fameux « Tintin, reporter » n'est, en regard des définitions journalistiques, aucunement un reporter mais bien un enquêteur. En effet, le projet du reportage est précis et limitatif. Il se propose de donner à voir, à entendre, à sentir, à percevoir la vie. Ce peut être la vie d'un lieu ou d'un événement.

Véronique Soulé raconte, dans *Libération* du 29 avril 2014, « l'école des Platanes » à Abbeville, une action organisée contre l'échec scolaire. On y entend les échanges entre professeurs et élèves et même les « gros soupirs ». On suit élèves et enseignant dans le déroulement d'une journée. Bref, on y est.

A) *Le mode opératoire.* – Faire du reportage, c'est s'immerger. Il faut investir les lieux ou la manifestation que l'on se propose de décrire avec une disponibilité totale. Le reporter se laisse conduire par ses impressions. Il est bon public. Mais rien ne lui échappe. Surtout pas les petits détails qui créent une atmosphère : un accent, un vêtement, un comportement, des musiques, des bruits, des odeurs. Il note tout.

Vient un moment dans cette phase d'immersion où le bon reporter sent se dégager une sensation dominante. Ce sera l'éclairage selon lequel il dépeindra ce moment. Il lui faut pourtant le tester un peu, s'assurer par une seconde visite rapide que cette intuition tient. Il va prendre quelques notes complémentaires très « ciblées » en fonction de cet éclairage.

Puis c'est l'indispensable travail d'élimination de tous les angles parasites. Seules seront conservées les informations qui contribueront à faire partager au lecteur cette sensation dominante.

B) *Un ton.* – Les ressorts du reportage sont ceux du théâtre ou du cinéma. Souvent s'imposent l'unité de temps et l'unité de lieu, même si le recours au procédé cinématographique du travelling, parfois sur très longue distance, permet des déplacements. En tout cas, personnages et cadres ont la plus grande importance.

Jean-Paul Mari, dans *Géo* de mars 1996, visite un Viêt Nam du Nord sous influence chinoise. À un moment de son récit, il s'appuie sur le personnage de Maï. « Mme Maï est venue ici pour faire fortune. Elle a 35 ans, la taille rondelette et un sourcil noir qui ne se relève qu'au son de la caisse enregistreuse. » Et le lecteur de suivre ainsi les singulières pratiques du commerce à travers celles de ce personnage en particulier. À noter, une recherche caractéristique du reportage (mais aussi du théâtre et du cinéma) : le détail révélateur (le sourcil noir qui ne se relève qu'au son de la caisse enregistreuse). Il suffit à dire un personnage. C'est « le détail qui tue », comme disent entre eux les professionnels.

S'agissant du cadre, voici VSD du 23 février au 1er mars 1995 qui consacre un reportage à Arlette Laguiller chez elle : « À droite sur quatre planches de Formica blanc, 45 volumes de Lénine ; à gauche les mêmes étagères standard et Trotski : 25 volumes. “Il doit en manquer”, dit Arlette en contemplant l’œuvre éclectique de ses maîtres qui tient lieu ici d’*Encyclopædia Universalis.* »

Il s’agit de faire appel aux sens du lecteur. D’abord la vue : « Dans la pénombre étouffante de la casemate, écrit Debra Kellner dans le *Figaro Magazine* du 24 juin 1995, des rais de soleil chatoient sur les étoffes multicolores tombent sur le visage buriné de Monika Bai, sur les aiguilles et les fioles d’encres multicolores que manie adroitement un vieux tatoueur bengali. Un filet de salive noirâtre coule sur le menton de l’imposante Monika : le jus du tabac qu’elle chique. »

Mais aussi l’ouïe, qu’il s’agisse de restituer des bruits entendus ou, surtout, de tirer parti des dialogues.

Emmanuel Poncet, dans un reportage sur une grève à Marseille, dans *Libération* du 25 mars 1996, n’a pas laissé passer la phrase d’un traminot sur « ces petits merdeux de 12 ans qui vous traitent de tous les noms », car elle est porteuse d’une ambiance.

Le propos est de montrer ce qu’il y a de spectacle dans l’événement. Souvent, c’est un moyen de dépasser la simple relation. C’est évident dans le cas de ce journaliste de *Libération* : « Que dire sur une grève qui ait été dit sur toutes les autres ? »

Les mots du reportage sont ceux de la vie. Ils sont concrets, pratiques, justes. La phrase est courte, rythmée. L’auteur se servira parfois de ce rythme pour être en phase avec la sensation qu’il veut rendre. Il ne craint pas d’être drôle. Des citations sont requises chaque fois qu’elles rendent un son vrai, bien davantage que pour étayer une démonstration. Point de concept. Du détail, mais du détail révélateur.

Une polémique plaisante traverse périodiquement les milieux du journalisme. Elle porte sur le point de savoir si les femmes ne sont pas de meilleurs reporters que les hommes parce qu'elles ont un meilleur sens du détail de la vie quotidienne. Elles savent voir, disent leurs défenseurs, si la soupe sera bonne, si les enfants sont rieurs, si les couples se disputent, ce que leurs homologues masculins oublieraient parfois. Au profit, chez ces derniers, de longs développements trop conceptuels pour le reportage.

Ce genre journalistique est sans doute de tous les genres journalistiques le plus subjectif. Impossible de ne pas faire un rapprochement avec la peinture. D'ailleurs, le vocabulaire pour apprécier un reportage est celui utilisé pour la peinture. « *L'auteur dépeint telle situation. Il soigne la grosseur du trait,* etc. » C'est ce qui va donner son importance à la signature de l'auteur. Il se fait vite, s'il a du talent, une clientèle fidèle, à la recherche de son style. On aurait peine à dire cela pour le type d'écriture de l'enquête.

Le grand reportage n'est en vérité, dans ce cadre, qu'une immersion plus en profondeur dans le lieu ou l'événement que l'on veut décrire. Il implique plus de temps passé, une écriture qui se rapproche davantage encore de la littérature. Contrairement à une idée répandue, le grand reportage ne rapporte pas du tout nécessairement sa matière de l'autre bout du monde. C'est plutôt la densité à la fois du contact avec une ambiance et la forme plus achevée de l'écriture qui le différencie.

La proximité entre un scénario de télévision, qui nécessite beaucoup de repères visuels à l'intention des équipes de tournage et un reportage, a toujours été grande. Les évolutions récentes ont fortement accentué cette tendance.

Le Monde Magazine dans son édition du 9 octobre 2010 publie un dossier sur les salariés des pénitenciers qui, aux États-Unis, ont été amenés à accompagner jusqu'à leurs derniers instants les condamnés à mort. Il est composé par la mise bout à bout de témoignages évidemment réécrits, mais sans que cela soit mentionné sous des photos posées des intéressés. C'est presque la mise sur papier de ce qu'aurait été la bande-vidéo.

3. **L'interview.** – Le projet de l'interview est de donner à entendre ce que tel ou tel peut avoir à dire sur un sujet. C'est évidemment la matière première de l'audiovisuel qui, pour l'essentiel, se contente de reprendre le meilleur des propos tenus devant un micro. Les impératifs techniques du genre ne permettent de rien faire d'autre que de restituer les propos. Tout au plus peut-on noter que les circonstances dans lesquelles sont désormais enregistrées les interviews en télévision ont changé. Finies, ces déclarations statiques, toutes filmées dans une position conventionnelle, leur auteur étant sagement assis derrière un bureau. La volonté de plus en plus grande de scénariser l'actualité aboutit à interroger un même personnage en plusieurs lieux différents, chacun étant censé évoquer un aspect de son propos. Le mouvement qui résulte de ces prises différentes est supposé introduire une idée d'action. Certaines interviews télévisées se déroulent même en mouvement, l'interviewé marchant ou conduisant.

Le développement de l'interview est considérable dans la presse écrite. On ne jurerait pas que ce soit sans rapport avec la pratique de la télévision. L'interview est facile à lire d'abord parce qu'elle est le plus souvent courte, et que l'alternance de caractères différents pour marquer les questions et les réponses, dans les cas où l'on y recourt, facilite l'entrée du lecteur dans le texte.

Ajoutons que c'est, en apparence, un exercice relativement simple à mener. Le risque principal étant celui de la banalité du propos.

Dans son édition du mercredi 3 avril 1996, le quotidien *Le Parisien* accorde de raisonnables développements à la sortie des films de ce mercredi-là. De façon tout à fait significative, chaque film est l'objet d'une interview (soit d'un acteur, soit d'un réalisateur), la critique faisant l'objet d'un court encadré toujours construit sur le même moule : une première partie consacrée à l'histoire ; une seconde, à « notre avis ». Ce recours méthodique à l'interview, et la marginalisation corrélative d'un genre journalistique, la critique, longtemps tenue pour un des plus nobles, marque un virage significatif des évolutions récentes. Il fait penser à ces inévitables invitations d'acteurs sur les plateaux de télévision à l'occasion de la sortie de leur film.

A) *Le mode opératoire.* – L'information va toujours à l'informé. Par conséquent, le journaliste qui mènera un entretien en révélant une trop grande ignorance du domaine en question n'obtiendra pas de révélation saillante. L'interview suppose donc une première phase de documentation bien menée.

Il lui faut d'abord connaître le vocabulaire et les concepts spécifiques à son futur interlocuteur. Un journaliste qui interroge sur un problème de transport doit savoir qu'on raisonne, en la matière, en kilomètre/voyageur ou en tonnes transportées. Quelques ordres de grandeur seront les bienvenus. La connaissance sommaire des préoccupations vraisemblables de son interlocuteur est indispensable.

Ce premier travail révèle ce qui a déjà été dit sur le sujet. On veillera donc à le dépasser, notamment par le choix des quelques angles selon lesquels l'entretien pourrait être conduit. Ils se situent à l'intersection de la curiosité du journaliste et de la compétence supposée de l'interviewé.

Le bon interviewer va donc dresser une liste brève des questions découlant de chacun des angles possibles. Cela donne une importance toute particulière aux quelques premières minutes d'échange. Passées les indispensables formules de politesse, voire de mondanité qui ont pour objet de mettre en confiance, l'interviewer va tester son partenaire, en restant dans ce ton de propos préalables, pour évaluer dans quel domaine il est le plus pertinent.

Les questions sont alors déroulées avec un souci constant de laisser s'exprimer l'interviewé tout en conservant la maîtrise de l'entretien. Le rebond est, en effet, indispensable pour ne pas laisser passer une information qui mérite d'être développée. C'est souvent par le jeu de questions de type varié que le journaliste conservera les rênes en mains. Les questions ouvertes sont destinées à permettre une mise en confiance, mais elles ne produisent que des propos généraux. Les questions fermées permettent des réponses précises, mais aussi de reprendre la direction d'un entretien qui part dans tous les sens.

Une grande partie du talent de l'interviewer tient dans son sens de la psychologie. Il le manifeste dans le choix pertinent des questions ouvertes ou fermées. Il le traduit aussi dans sa discrétion à prendre des notes à certains moments. Parfois, il sait lui-même se confier pour encourager la confidence. Surtout, il sait créer un climat tel que, sur la fin, la tentation de « tout dire » soit grande chez l'interviewé. C'est ici notamment la question du *off the record*, c'est-à-dire des propos tenus sous le sceau de la confidentialité qui arrivent souvent en fin d'entretien. Le bon journaliste sait les susciter. Surtout, il sait en tirer parti.

La généralisation, voire l'envahissement du téléphone dans la vie quotidienne a abouti à la multiplication des interviews par téléphone. L'intérêt des éditeurs comme des journalistes est évident. Ils y gagnent en vitesse et en coût. Malheureusement, ils peuvent y perdre en sincérité. Le journaliste ne pourra pas, en effet, surprendre dans le regard ce qu'on y voit bien souvent lorsque l'interlocuteur ment. Aussi la prudence impose-t-elle de confiner ce type d'interviews à des échanges sur des questions techniques où il ne peut y avoir de doute sur les intentions de l'informateur.

Le formidable développement d'une société des médias où sont tissés des liens de complicité entre des personnalités et des journalistes aboutit à des perversions de l'interview. Certains experts deviennent des interviewés professionnels connaissant le moindre truc de leurs partenaires, jetant habilement les bons mots dont ils savent qu'ils seront repris. Le talent du journaliste sera là d'empêcher cette forme singulière mais envahissante de familiarité.

B) *L'écriture.* – Les modalités d'écriture de l'interview varient selon le mot à mot des propos qui ont été tenus. Si l'éclairage retenu est très précis et que l'interlocuteur est éloquent, on aime souvent retracer l'entretien par une alternance de questions et de réponses. Les unes et les autres sont toujours réécrites pour n'en garder que le plus intéressant. La réécriture des questions permet aussi d'y glisser des informations qui permettent de comprendre un contexte. Le journaliste est ici pris entre une absolue obligation de fidélité aux déclarations de son partenaire et la nécessité d'être parfaitement lisible pour son lecteur, ce second impératif ne devant jamais être oublié. Vieille règle journalistique : on n'écrit pas pour ses sources, mais pour son public.

Parfois, le journaliste recourra à l'interview-récit, se réservant la possibilité de résumer, sous sa responsabilité, des passages entiers peu intéressants ou mal exprimés oralement. Ils n'apparaîtront alors pas comme des citations, les guillemets n'étant conservés que pour les passages les plus heureux. L'intérêt de la formule est aussi de permettre au journaliste d'introduire dans les propos de l'interviewé des compléments d'informations qui permettent d'apprécier la déclaration.

« Contrairement à ce qu'il estimait jusque-là, M. Dupont déclare désormais : ... » ; ou « en désaccord sur ce point avec certains de ses confrères, il estime : ... »

L'interview-récit permet également d'introduire des éléments de mise en scène.

« Yves Durand explose : "..." ; »

« Yves Durand fouille dans ses dossiers, en extrait un document qu'il brandit à son interlocuteur et jette : "..." »

Le talent du journaliste est de savoir repérer quand l'entretien est enrichi par ces éléments de mise en scène, quand ils densifient le propos.

Comme tous les genres journalistiques, celui de l'interview a connu des évolutions dont il est difficile de faire la part des modes. C'est ainsi que l'on a vu apparaître des interviews qui sont, de la première à la dernière ligne, sans fermeture des guillemets, une citation, même si elle a été réécrite par le journaliste. C'est un peu comme si le journaliste laissait se dérouler une bande magnétique. Du moins, c'est ce que peut croire le lecteur. En réalité, les phrases retenues ont toutes été réécrites. L'exemple que l'on vient de citer sur ces collaborateurs de pénitenciers américains est de cet ordre. Le recours à cette formule, qui ne peut s'appliquer à de longs textes, correspond souvent à un témoignage davantage qu'une interview, l'auteur des propos tenus ayant vécu des événements si exceptionnels qu'on se contente de donner à entendre ses mots.

Le phénomène d'osmose d'avec la pratique radiophonique est ici patent. Y compris dans le montage. En effet, les extraits d'interviews diffusés par les radios font, comme en presse écrite, l'objet d'un montage pour ne garder que les bonnes phrases nettoyées des formules malheureuses ou des bruits parasites (toux, phrase recommencée plusieurs fois, etc.).

Le sentiment de vérité du propos, très séduisant en radio, résulte, comme en télévision, d'une illusion. Mais l'intervention du journaliste, fût-ce pour des coupes, est indispensable. Certes, les impératifs de durée l'expliquent. Mais, au-delà, pratiquement aucune déclaration n'est exempte d'éléments parasites qui gênent la compréhension.

Périodiquement, des revues proposent à leurs lecteurs des interviews brutes, au nom d'une supposée vérité journalistique. Le résultat est le plus souvent illisible.

Le recours systématique par le quotidien *Le Parisien,* suivi depuis par beaucoup d'autres, au « micro-trottoir », c'est-à-dire le fait de demander à des personnes prises au hasard ce qu'elles pensent d'un événement, est, de toute évidence, inspiré de la même pratique née à la radio et prolongée à la télévision. On peut s'interroger sur les limites de ce mode d'écriture. Il tend essentiellement à suggérer, aussi bien à la télévision que dans la presse écrite, l'idée d'une interactivité, de la possibilité pour M. Tout-le-Monde de pouvoir s'exprimer. En vérité, il s'agit davantage de la mise en scène d'une actualité que de son traitement au fond. Rien ne garantit, en effet, que la personne interrogée ait compétence pour s'exprimer avec pertinence. Dans un autre registre, le quotidien *Le Dauphiné libéré* publie régulièrement les pronostics du tiercé de simples propriétaires de PMU. Le quotidien suisse *La Côte* reproduit, lui, l'avis des spectateurs sur le déroulement d'un match.

Là encore, l'écrit court après la radio. En effet, la participation désormais généralisée du public aux émissions, par téléphone interposé, est devenue un phénomène de société. Il a révélé l'immense besoin de dialogue et de participation de tout un peuple. Le succès d'Internet n'a fait que le confirmer. En ce domaine, la presse écrite se trouve devant un obstacle technique infranchissable. Elle essaie de le contourner de bien des manières, par exemple, en généralisant les consultations de lecteurs, douteusement intitulées « sondages ».

Mais, jusqu'à présent, c'est le recours aux interviews sous les formes les plus variées qui a su le mieux rendre, avec les instruments traditionnels des journaux, le sentiment de voix multiples.

4. **Le portrait.** – Sous l'angle particulier de l'écriture qui nous intéresse ici, le portrait emprunte, selon les cas, à deux autres genres avec lesquels il entretient des liens de cousinage : le reportage ou l'enquête. Le propos du genre est, en effet, de donner de la chair à un individu, de saisir au-delà des données conventionnelles d'un *curriculum vitae* la vie, les ruptures, les motivations.

A) *Des types différents.* – Sans doute, certains portraits se contentent d'une réécriture rapide du *curriculum vitae* plus ou moins enrichie d'une bonne documentation. Ce mode très conventionnel peut au demeurant avoir du ton. C'est le cas des « Prises de bec » du *Canard enchaîné,* portraits essentiellement nourris des bonnes archives de ce journal. Le ton convenu en est la rosserie, bien dans l'esprit de ce journal.

Aussi classiques sont les portraits inévitables en cas de nomination. Ce sont des rappels des principales étapes d'une carrière. L'auteur s'efforce d'y découvrir un trait de caractère, une constante.

Puis vient le portrait qui emprunte beaucoup au reportage. Il regorge d'anecdotes, d'images, de citations. Le lecteur a alors le sentiment de se trouver en face d'un personnage de théâtre avec ce que ses apparences révèlent et mille détails qui en font l'épaisseur.

Ariane Chemin et Marie-France Etchegoin publient dans *Le Nouvel Observateur* daté du 28 octobre 2010, sous le titre de « Qu'est-ce qui fait courir Françoise Meyers », le portrait de la fille de la célèbre milliardaire Liliane Bettencourt. Elles repèrent le trait qui parle : « Cette "fille" de 57 ans, à la bouche boudeuse et à la longue chevelure noire partagée au milieu par une raie qui trace comme un vœu de sobriété… »

Le portrait-enquête est plus froid. L'auteur cherche à recouper ses informations. Il fait parler dc multiples témoins, parfois même veille à ne faire parler que des observateurs extérieurs (le portrait en creux). On est très proche de la biographie, même si le journaliste ne pourra faire l'économie des éléments sensitifs qui trahissent la vie. Dans l'échelle de la subjectivité, la part de l'auteur est ici importante dans la mesure où il est très difficile de s'abstraire dans la peinture d'un homme.

B) *Le mode opératoire.* – Passée une phase documentaire où le journaliste repère ce qu'il peut y avoir eu de lieux communs écrits sur le personnage qui l'intéresse, le portrait suppose à la fois un rapide travail d'enquête et un grand talent d'interview.

Certains journalistes pressés omettent le travail d'enquête. Ils n'appellent aucun proche de leur personnage pour se faire expliquer ce qu'il a pu vivre de fort, voire de capital.

C'est pourtant une précaution utile. Elle permet de recueillir des anecdotes significatives, de poser les bonnes questions.

L'entretien approfondi que l'on conduira par la suite doit être long et aussi adapté que possible au comportement de l'interviewé. Celui-ci veut aller vite en raison de son emploi du temps ? Soit ! Celui-là, au contraire, n'aime pas être questionné, mais adore se promener dans les bois ? Va pour la promenade ! Les lieux, les circonstances dans lesquels se déroulera cet entretien doivent être soigneusement évalués. Le PDG derrière son bureau sera toujours à l'aise comme protégé sur son territoire. Mieux vaut alors chercher un moyen de s'entretenir avec lui dans un lieu qui lui est moins familier. Il y sera plus vrai. À l'inverse, le dernier meunier de tel département qui est très inquiet à l'idée de répondre à des questions de journaliste parlera sûrement mieux dans tel lieu où sont tous ses repères.

Lors de ces entretiens – il peut y en avoir plusieurs consécutifs –, la prise de notes sera discrète, pudique. Souvent, le journaliste devra laisser passer sans prise de notes les passages où se disent des phrases fortes et les noter par la suite au moment où les propos sont plus convenus. En effet, la prise de notes peut freiner la confidence. Le bon portraitiste sait s'en abstenir pendant de longs moments. La mémoire est une qualité indispensable. Immédiatement après l'entretien, une remise en forme des notes intégrant parfois des appréciations complémentaires aux propos recueillis est nécessaire.

Les hommes de radio et de télévision connaissent bien cette nécessité de se faire oublier pour réussir un portrait. Ils ont, en effet, leurs micros et leurs caméras à rendre invisibles. Ce n'est pas facile.

C) *L'écriture.* – La qualité d'un portrait se juge souvent à son ton. Il doit être en phase parfaite avec l'angle. Ton grave pour un solennel portrait en pied, ton attendri pour un personnage chaleureux. C'est ici le talent à repérer le « détail qui tue » qui distinguera le journaliste. Habileté à identifier un accent, une marque de parfum, le nom d'un chausseur ou d'un tailleur illustre ; vigilance aux tics de langage, au port, à la poignée de main ; bref, attention à tous ces infimes détails qui trahissent un homme, qui sont comme la partie visible de l'iceberg.

Le portraitiste sera attentif aux propos tenus, mais fuira les plus convenus, hélas de loin les plus nombreux. Il écoutera les paroles, mais aussi les interjections, les formules familières qui assureront le lecteur que la rencontre a bien eu lieu : il fallait être là pour les entendre.

Par nature, donc, le portrait est un genre coloré. Pour autant, il n'est pas folklorique. Le mauvais portrait empile des observations dont on ne comprend plus ce qu'elles signifient. Le bon repère les ruptures dans la vie d'un homme, pointe dans des comportements ce qu'il en reste. Au total, il démasque la personne.

5. **L'enquête.** – Le reportage se proposait de montrer la vie. L'enquête veut donner de l'entendement. L'un montrait. La seconde démonte et démontre. L'enquête prétend répondre à une question. Elle est le genre le plus encyclopédique de tous, le plus ambitieux dans ses intentions.

A) *Le mode opératoire.* – La documentation est, ici encore, une première phase indispensable. Elle doit permettre au journaliste de repérer la problématique dans laquelle s'inscrit le sujet qu'il traite.

Il doit en résulter à la fois une liste des éclairages possibles selon lesquels le sujet pourrait être traité, ceux qui ont déjà été utilisés et qu'on évitera donc de reprendre. Enfin, une bonne documentation doit permettre de repérer quelques informateurs obligés.

Cette phase de documentation ne doit pas comporter qu'une lecture d'extraits de presse ou de livres. Elle doit comporter aussi quelques entretiens avec des personnes de toute confiance, informateurs anciens du journaliste. Ceux-là lui signaleront les risques du terrain, les polémiques cachées, les compétences ou les incompétences des uns et des autres. Ils lui expliqueront les concepts de base que l'enquêteur va manier.

Internet a changé la donne en matière de documentation sans que pour autant on puisse crier au miracle. Les sources sont incomparablement plus nombreuses. Elles ne sont pas nécessairement plus sérieuses. Certains sites s'identifient mal, voire pas du tout. Quelles sont les vraies intentions de leurs promoteurs ? Quelquefois même, qui sont-ils ? Certains instruments permettent de le préciser. Le site *www.alldomains.com,* par exemple, indique qui a déposé tel ou tel site en en tapant l'adresse (URL). On y trouve ainsi même un nom de responsable et un numéro de téléphone. D'autres techniques permettent de trouver quels sites proposent des liens avec le site sur lequel on s'interroge. Par déduction, on peut en estimer alors le sérieux.

Plus généralement, les moteurs de recherche sont très peu discriminants. Ils repèrent indifféremment une page personnelle d'un sympathique illuminé ou un mémoire de troisième cycle d'un universitaire chevronné. Le travail de vérification de l'enquêteur doit en être considérablement accru. À noter que la technique qui consiste en utilisant les dispositifs de « recherche avancée » des moteurs de recherche de ne sélectionner que les documents en format PDF permet d'éliminer un peu du tout-venant. De même de l'utilisation de Google Scholar, plutôt que Google seul.

Parfois, lorsque leurs modérateurs sont parvenus à maintenir un bon standing à leurs débats, certaines listes de diffusion ou certains forums permettent de demander des informations.

Après cette étape de documentation, vient un itinéraire que l'on essaiera de mener de l'informateur le moins qualifié au plus qualifié. On retrouve là l'idée que l'information va à l'informé. Par conséquent, pour obtenir le meilleur du ou des personnages centraux d'une affaire, le journaliste doit s'être fait une compétence aussi large que possible. C'est à ce prix seulement qu'il obtiendra, peut-être, des confidences.

Il aura le soin, au gré des pérégrinations, de ne pas se contenter des propos de ceux qu'il rencontre, mais de rechercher partout et toujours des documents. *Verba volant.* Cela le conduira, dans les entretiens qu'il aura, à toujours solliciter preuves, études, écrits de toute sorte qui étaieront les propos tenus. Et ce, d'autant plus que ceux-ci auront été démonstratifs, riches en informations.

Le soin pris à la vérification de l'information doit être évidemment particulièrement grand dans l'enquête. Elle impose d'abord une évaluation critique de la source. « Dans la position sociale qui est la sienne, que doit dire logiquement cet interlocuteur ? », « Avec qui est-il lié, de façon officielle, voire de façon plus discrète ? » En répondant à ces questions, le journaliste appréciera mieux si les déclarations faites étaient totalement prévisibles ou si, au contraire, elles révèlent une attitude nouvelle.

En outre, chaque information clef doit être passée au tamis d'une vérification interne et externe. La première consiste à vérifier si les éléments donnés sont cohérents avec ceux déjà récoltés à l'occasion des premières investigations. Cela impose parfois de rappeler des personnes déjà rencontrées. La seconde consiste, en quelque sorte, à ouvrir une enquête dans l'enquête. Tel point nouvellement apparu paraît si important qu'il mérite à lui seul un vrai travail de recoupement par des experts divers.

B) *L'écriture.* – Le texte de l'enquête est construit très exactement à rebours de ce qu'a vécu le journaliste. Il doit être construit à partir de la conclusion qui s'est finalement imposée à l'esprit de l'investigateur. D'où l'absolue nécessité de pauses régulières pour éviter la noyade sous trop d'informations. D'où aussi une longue pause finale au cours de laquelle on dégagera la conclusion principale. Elle structurera tout l'article. À la faveur de cette réflexion, un soin particulier doit être mis à repérer les arguments qui viendront étayer la conclusion (chiffres, citations, extraits de documents).

Le plan presque obligé de l'enquête est, la conclusion étant affirmée dès les premières lignes, la déclinaison des arguments par ordre décroissant d'importance. Aucun d'entre eux ne doit être traité de façon elliptique. L'enquête est une démonstration. En conséquence, aux temps forts, le journaliste doit accumuler les éléments de preuve. Par période, il aère son propos d'éléments plus anecdotiques qui tendent à faciliter la lecture.

L'enquête présente pour les éditeurs de presse un risque réel. Si elle est correctement argumentée, elle devient vite longue, parfois ennuyeuse. C'est donc particulièrement à ce genre qu'ont été appliquées les techniques d'éclatement de l'article en modules multiples, permettant à chaque lecteur d'entrer dans le sujet (cf. *supra*). Ces procédés, portés au stade d'atomisation des informations qui prévaut désormais, ont pour contre-effet d'empêcher une bonne compréhension de la conclusion du journaliste. Le mouvement du pendule est allé un peu trop loin en la matière.

III. – Le bon usage des genres journalistiques

1. **La ligne de démarcation.** – De la même manière qu'un article (ou un documentaire télévisé) est construit

et asservi par une information centrale, celle-ci n'étant charpentée que par un seul éclairage, cet article ne peut être décliné que sur un seul genre journalistique. Proposer à la fois de montrer (donc du reportage) et de démontrer (donc de l'enquête), c'est rompre le contrat avec son lecteur. Celui-ci ne comprendra plus très bien si on sollicite sa perception ou son sens logique.

Ces dernières années s'est toutefois manifestée une tendance à augmenter sensiblement les emprunts au reportage dans l'enquête. S'il en résulte assurément un agrément de lecture, la rigueur de la démonstration peut s'en trouver affaiblie.

Sans doute, le portrait et le reportage peuvent être parfois proches. D'autres modes de portraits sont, on l'a dit, voisins de l'enquête. Le plus grand risque de confusion, hélas commun, se situe entre l'enquête et le reportage dont les ambitions sont sans rapport. Rien n'est pire pour le lecteur que le sentiment d'incertitude quant aux intentions de l'auteur lorsqu'un article est brouillon sur cet aspect.

2. **Des genres et des trucs.** – Les évolutions signalées, ici ou là, à propos des genres journalistiques peuvent aller jusqu'à la création de nouveaux moyens de déclinaison de l'information au service à la fois de la maquette du journal et d'une couverture astucieuse du fond de l'information. On hésite, dans la plupart de ces cas, à parler de « genre journalistique ». Ce serait faire beaucoup d'honneur à ce qui apparaît surtout comme des astuces, au demeurant souvent bienvenues.

Ainsi *Le Point, Le Nouvel Observateur* et d'innombrables publications présentent-ils dans chacun de leurs numéros une rubrique indiquant les personnalités qui sont en hausse ou en baisse, en fonction des péripéties qu'elles viennent de vivre. De même, le journaliste

Paul Wermus a-t-il proposé successivement à différents magazines auxquels il collabore un assez inimitable « compte rendu de repas » (en 2010 dans VSD). Il y reproduisait, sous forme de brèves, des propos de table, pour l'essentiel des mondanités destinées à l'amusement du lecteur.

Le Revenu français a présenté périodiquement une sorte de match entre hommes d'affaires conduisant des stratégies radicalement différentes. La proximité de la pratique de la télévision est ici patente (cf. chap. I).

Le même journal, toujours dans une volonté de segmenter ses enquêtes pour les rendre attractives, a inventé une formule qui consiste à jouer des signes + ou –. Un journal de télévision suisse oppose, lui, « une bise à... », « une baffe à... ».

Lorsqu'il s'agit de juger de quelque chose, le recours à une couleur (rouge pour le négatif, vert pour le positif) est parfois utilisé.

Beaucoup de périodiques ont adopté, particulièrement en matière d'information pratique, une forme journalistique très incertaine : « Tout ce que vous devez savoir sur... ». Ailleurs, c'est : « Le carnet de santé (ou tout autre sujet) en dix questions ». L'avantage est que l'on peut entrer dans la lecture à la question de son choix. L'inconvénient manifeste est que ce type d'articles ne peut avoir aucun angle dominant, en sorte qu'à la fin de la lecture il est impossible d'en déduire ce qui est important.

Autre mode : « le chiffre du jour », formule qui valorise une donnée statistique supposée significative. Elle est mise en avant par de très gros caractères d'imprimerie et fait l'objet d'un court commentaire.

Vu également : « Citations du mois (ou de la semaine) ». Là on reprend sous la forme la plus laconique qui soit les propos d'une personnalité avec seulement la mention de l'auteur.

Chapitre V

DIRE AVEC DES MOTS

La matière première des journalistes est la langue, même si le recours à l'image est de plus en plus fréquent. Mais quelle langue considérer ? Les 80 000 entrées du *Grand Robert* ? Les 4 000 à 5 000 mots qui constitueraient le « capital moyen » du lecteur adulte. Les 800 dont seraient détenteurs les élèves de brevets d'enseignement professionnel ? Et comment ne pas intégrer, dans cette réflexion, l'illettrisme ? Dix pour cent d'une classe d'âge de jeunes gens soumis aux examens préalables au service militaire ne dépassent pas la lecture d'une phrase simple. Douze pour cent de la population vivant en France (et 7 % parmi ceux qui sont nés en France) ont des difficultés de lecture, c'est-à-dire sont maladroites dans le maniement d'une langue de plus de 70 mots… Le chômage est une cause identifiée de perte de la capacité de lecture, une fraction de la population n'ayant d'opportunité à se confronter à la lecture que dans des activités professionnelles (pour des modes d'emploi, des notes de service…).

Et quelle est l'influence réelle de la parole télévisée sur la langue courante ? Comment ne pas voir que la généralisation de formules du type : « en direct », « ils sont sur les *starting-blocks* », « il est en pole position », viennent assez largement de la télévision. Cela, sans revenir, bien entendu, sur nos observations antérieures concernant la théâtralisation du récit (cf. chap. I) ou la scénarisation.

I. – Les langues françaises

1. **Un aboutissement.** – Lorsque, en 842, deux des petits-fils de Charlemagne, Charles et Louis, s'allient contre leur frère Lothaire, ils signent cette alliance dans leurs langues respectives : le germanique, d'une part ; le roman, de l'autre. Pour une fois, le latin n'a pas été utilisé. La rupture est significative. La dette de notre langue contemporaine à l'égard du latin sous sa forme populaire est énorme : on estime que 80 % des mots d'aujourd'hui en viennent.

Mais le latin lui-même, tout comme notre langue d'aujourd'hui, a emprunté au grec, au gaulois et au germain. Nos *lait, miel, seigle* et *avoine* ne sont guère éloignés des *lac, mel, secale* et *avena* des paysans gallo-romains.

Les cinq derniers siècles du Ier millénaire sont marqués d'une part par les évolutions du latin, particulièrement sous sa forme populaire, d'autre part par les progressions, mais parfois aussi les régressions des langues locales, enfin par la poussée, au nord, des Germains.

La bataille de Fontenoy (24 juin 841) est en quelque sorte l'acte fondateur du français. Les deux vainqueurs évoqués ci-dessus, Charles le Chauve et Louis le Germanique, viennent en effet d'avoir raison de leur frère et demi-frère Lothaire. Ce dernier, fils de Louis le Pieux, soutenait, comme son père, la thèse de la nécessaire pérennité de l'Empire territorialement unifié fondé par leur grand-père commun Charlemagne. Or, Charles le Chauve et Louis le Germanique croient au contraire plus sage de diviser le territoire. Ce sera fait puisqu'ils sont vainqueurs. Et le critère de division sera la langue d'usage courant (le germanique ou l'embryon du français) dans chaque région concernée. C'est dire les liens historiques qui se nouent pour l'occasion entre la langue et le pouvoir politique.

Cet accord est traduit par les *Serments* que l'un et l'autre disent publiquement à Strasbourg le 14 février 842, chacun s'exprimant dans la langue de l'autre. Ce jour marque donc, du moins de façon symbolique, la date de naissance du français et de l'allemand.

Autour de l'an 1000, la France est divisée en deux zones linguistiques, la langue d'oïl au Nord et la langue d'oc au Sud. C'est la domination du pouvoir capétien qui a un effet unificateur. La langue d'oïl, qui a perdu ses déclinaisons, devient le français. L'ordonnance de Villers-Cotterêts, qui instaure le français comme langue officielle, en 1539, sanctionne cette évolution.

L'imprimerie a fortement contribué à cette évolution. Les polémiques que suscite la Réforme entraînent une impressionnante circulation de libelles. Beaucoup sont des best-sellers, même selon nos critères d'aujourd'hui. Les dizaines de milliers, voire centaines de milliers d'exemplaires sont franchis. Dans le contexte d'analphabétisme de l'époque, ces chiffres sont considérables. Ce flot d'écrits diffuse une meilleure connaissance des langues dans lesquelles on se dispute alors, particulièrement le français et l'allemand. En outre, les réformés plaident pour le développement de la liturgie en langue vulgaire. L'appropriation qu'ils suggèrent de la Bible par chaque fidèle, sans interférence des clercs, pousse à un contact direct avec la langue imprimée qui la diffuse et la stabilise en même temps.

Depuis longtemps alors, selon les besoins des concepts à développer, la langue française s'appuie sur le génie des autres. D'abord, l'arabe aux XIIe-XIIIe siècles dans des domaines comme les mathématiques, la chimie (les mots « chiffre », « zéro », « algèbre », « alcool »). Puis, au XIVe siècle, les emprunts à l'italien sont nombreux (« ambassade », « dôme », « escalade », « cavalier », « violon », « boussole », « soldat »...). La Renaissance est une période de retour aux « antiquités ». Le grec retrouve une grande faveur. C'est également le temps où va s'affirmer le début du mépris pour le patois. Le mot, significativement, signifie alors « incompréhensible ».

En 1605, Malherbe entreprend le combat qui le rendra célèbre en faveur d'un « classicisme » de bon aloi. Il fait la chasse aux tournures réputées pittoresques ou provinciales. L'Académie française est fondée en 1635... curieusement sur le modèle de l'Académie savoisienne. En 1637, le *Discours de la méthode* de Descartes est publié directement en langue vulgaire. En ce XVIIe siècle, l'espagnol est à son tour en vogue. Il nous apporte certains mots (« compliments », « moustiques », « vanille », « caramel »).

Deux siècles plus tard, en 1832, un décret de Louis-Philippe impose aux fonctionnaires de s'aligner sur l'Académie. En 1846, un décret ira même jusqu'à charger la police de surveiller... l'orthographe des enseignes. Cette volonté d'unifier la langue de façon autoritaire perdure. De nombreux témoignages contemporains se font encore l'écho des vraies mesures de rétorsion qu'ont eu à connaître de petits Alsaciens ou de petits Bretons dans leurs écoles respectives.

La fameuse anglomanie qui inquiète assez volontiers les puristes date du XIXe siècle. Elle n'est certes pas indifférente à l'écriture journalistique, tant il est vrai que celle-ci cède facilement à la pression des groupes démographiquement les plus importants. On estime à 1 000 mots ceux qui viennent de l'anglais dans un dictionnaire *Le Robert* qui en compte 60 000. Ce n'est certes pas rien, puisque c'est le principal groupe de mots d'origine étrangère. Il n'est cependant pas sûr que soient bien identifiés comme anglais « majorité », « responsabilité », « partenaire », « exportation », « rail », « électricité », etc. Et qui sait encore que *paquebot* vient de *packet-boat* et *redingote* de *riding-coat* ? Preuve, si besoin en était, que la langue est un flux et non pas un stock et même, plus justement encore, un mouvement.

Il est certain qu'à cet égard la langue journalistique véhicule sans complexe le pire et le meilleur, les auteurs considérant sans y regarder de très près que l'usage reconnu doit l'emporter sur tous les dogmes.

Le XXe siècle a été, du point de vue du rapport du public à la langue, le témoin d'une évolution sensible qui rappelle celle du XVIe siècle où la Réforme et l'imprimerie s'étaient en quelque sorte démultipliées réciproquement, chacune poussant au succès de l'autre (cf. *supra*). Certains auteurs ont, par surcroît, soulevé la pertinente hypothèse d'un changement de mode de lecture avec l'apparition de l'imprimerie qui aurait poussé à un changement de rapport au livre. Jusqu'à l'imprimerie, les manuscrits sont lus à haute voix. Cela génère un rapport distant à cet écrit et donne son importance au lecteur qui est un personnage dans la société.

L'apparition de la lecture silencieuse (qui a peut-être précédé la diffusion massive du livre imprimé) change totalement le rapport au texte. Il devient plus intime. Le jugement personnel devient possible et prend de l'importance. Rien d'étonnant, par conséquent, à ce que la Réforme ait en quelque sorte intégré cette donnée dans ses pratiques.

Une évolution comparable s'est déroulée dans ce siècle. La radio dans ses premiers modes de fonctionnement a été un média « collectif ». Le meuble encombrant prenait une belle place dans le salon. La famille entière s'installait, le soir, pour écouter soit de solennelles conférences, soit des fictions populaires. Sous sa forme transistorisée, la radio est devenue un instrument minuscule. L'auditeur peut désormais avoir un récepteur dans une poche de chemise et un écouteur très discret.

Simultanément, le nombre d'émetteurs est devenu tel qu'il est illusoire de le chiffrer. Mais cette banalisation de l'objet a banalisé le discours. La radio est écoutée distraitement. Elle accompagne. Une part de son influence en souffre. Et avec elle la langue qu'elle véhicule.

L'autorité que conserve actuellement la télévision – et donc son influence dans le langage – tient à cette place prééminente physiquement dans nos intérieurs. Elle est encore le conteur du Moyen Âge. Mais, si l'on ose l'analogie, la « transistorisation » de la télévision est en cours et avec elle un début de perte d'influence. L'écoute simultanée avec une autre activité se développe (par exemple, le matin, au moment du petit déjeuner). L'explosion du nombre de chaînes relativise, bien sûr, l'autorité de chacune. Le zapping est la règle.

Au total, un changement profond de comportement à l'égard de la « consommation » des différents médias est en cours. Il réserve de nombreuses surprises. Une des inconnues porte sur l'influence de ce changement sur notre langue et nos manières de nous exprimer.

2. **Parler la même langue.** – Le journaliste n'existe que par rapport à son public. Le mètre-étalon pour lui doit être la réponse à la question : « Me comprennent-ils ? » Il ne faut pas y voir du mépris pour les lecteurs. L'affaire est sérieuse. Outre ceux concernant l'illettrisme (cf. *supra*), les indices sont inquiétants. En 1973, l'hebdomadaire *Le Point* publie un sondage de l'IFOP concernant la compréhension de mots du vocabulaire économique. Il en ressort par exemple que pour 26 % des personnages interrogés le plein-emploi est la journée de travail continue, pour 24 % la croissance est la hausse des prix, pour 23 % les investissements privés sont les subventions faites aux entreprises, pour 26 % la balance commerciale est l'équilibre du budget de

l'État, etc. Dix ans plus tard, le même hebdomadaire s'adresse au même institut pour reposer les mêmes questions. Les réponses sont un peu plus favorables, encore observe-t-on… des régressions dans la compréhension. S'agissant de l'inflation, par exemple, en 1973, 54 % des personnes interrogées affirmaient qu'il s'agissait de l'augmentation des prix. Elles ne sont plus que 51 % en 1983 et celles (11 %) qui pensaient que l'inflation est le déficit du budget de l'État ont plus que doublé (25 %).

En 1986, alors qu'une violente polémique oppose le président de la République de l'époque M. Mitterrand et la gauche, d'une part, avec le gouvernement et la droite, d'autre part, sur les privatisations de grands groupes, le concept clef de cette affaire est celui de « noyau dur » par référence à quelques actionnaires importants qui prendraient une part significative du capital lors de la future privatisation. Un sondage de l'époque montre alors que la moitié des personnes interrogées ne comprennent pas le sens du mot pourtant évoqué à chaque journal parlé ou télévisé.

Même dans un public réputé cultivé, les risques d'incompréhension existent. Le conseiller d'État Michel Gentot, président de la Commission d'accès aux documents administratifs, raconte comment, ayant soumis des décisions du Conseil d'État à la lecture d'un public plutôt favorisé, il reçut des évaluations du type : « Quel langage atroce ! Ésotérisme… Charabia affreux [...]. » Certains mots pourtant omniprésents dans l'actualité, comme « mondialisation » ou « collectivité locale », suscitent bien des interrogations quant à leur correcte compréhension.

D'où ce préalable permanent pour le journaliste : « À ce public particulier, quelle est la langue que je dois utiliser ? »

Ainsi considéré, le français apparaît au reporter comme une somme. Elle résulte d'une addition de « jargons » : celui du médecin, du chimiste, de l'informaticien, etc. Le professionnel de l'information va tenter un compromis dans lequel sa réputation est constamment perdante. Ni le grand chirurgien, ni le théologien, ni l'astrophysicien, ni aucun autre ne pardonneront aisément de ne pas retrouver leurs mots exacts dans l'article censé reprendre pour partie leurs déclarations. Mais, en sens inverse, il ne manquera pas de lecteur pour trouver ce journaliste bien prétentieux qui use et abuse de mots savants.

En vérité, on est là devant une double méprise. La fonction d'un article n'est pas de recopier des propos entendus, elle est d'adapter le savoir de quelques-uns à la compréhension d'un plus grand nombre. Donc la question de la vulgarisation est inévitable. Difficile de ne pas songer à la fameuse formule de tous les génériques de film : « Scénario et adaptation de… » Écrire sur le mode journalistique, c'est nécessairement adapter. C'est s'emparer de la science de tel ou tel pour la mettre dans la langue de tous avec les risques que ce transfert de propriété peut entraîner, au minimum sur le plan de la susceptibilité, voire, plus sérieusement, sur le plan de l'exactitude. D'où cette requête fréquente des bons journalistes aux experts qu'ils rencontrent : « Aidez-nous à rendre compréhensible, faites une partie de cet effort de vulgarisation. »

II. – Les éléments permanents

Certains modes d'écriture se retrouvent de façon permanente chez tous les journalistes au-delà de toutes les contingences de style. Il n'y a rien d'étonnant à cela : la plupart ont appris ces « trucs d'écriture » dans les écoles. Ils sont censés permettre de franchir l'obstacle à la lecture.

1. **Le particulier contre le général.** – Le journaliste cherche toujours à partir du « terrain ». C'est une sorte de maladie professionnelle. Il veut ainsi convaincre son lecteur que le sujet n'est pas hors du temps et hors de la vie, mais au contraire y a pleinement ses racines. Cela se traduit par cette antienne lancée par tous les rédacteurs en chef : « Racontez une histoire. »

Emma Paoli et Matteo Maillard qui veulent pourtant, dans *Le Monde* du 5 mai 2014, nous présenter une vache remarquable pour sa production de viande, commencent par une scène sanguinolente de mise bas dans une ferme bien précise des Ardennes belges, avant d'élargir leur propos à la forme particulière d'élevage de ce type de vaches.

Ce qui est tendance très générale dans la presse écrite devient règle absolue à la télévision. Les tensions qui peuvent exister entre communes bénéficiant des bienfaits économiques des sports d'hiver et celles qui en sont privées deviendront, dans un reportage télévisé, l'opposition entre deux localités nommément désignées d'un canton de Tarentaise. Au mieux y entendra-t-on incidemment un expert rappeler que la situation particulière présentée là n'est pas unique.

Pour les uns, ces comportements sont significatifs d'une futilité supposée caractéristique des journalistes. Pour les autres, au contraire, il y a là la volonté de ne pas dire plus que ce que le journalisme ne sait dire. La question de fond est bien là. Ce que l'on appelle généralement journalisme peut-il rivaliser en densité, en capacité d'analyse et de synthèse avec les travaux universitaires ? La plupart des professionnels n'y croient pas eux-mêmes. Ils se savent ancrés dans l'anecdotique, l'éphémère, le ponctuel, mais en même temps tenus à une obligation de résultat, ce que nous avons appelé plus haut la rentabilité de l'écriture (cf. chap. I). Toute leur écriture est à cette image.

2. **Le concret et le vivant contre le conceptuel.** « Pouvez-vous nous donner un exemple ? » Cette phrase, 100 fois entendue lors d'interviews télévisées, jusqu'à exaspération de l'interviewé comme du téléspectateur, témoigne d'un penchant absolu de tous les professionnels : fuir les concepts. C'est un prolongement naturel de la préférence pour le particulier sur le général. Il se justifie de la même manière.

Ce souci du concret et du vivant explique le goût de l'humain des journalistes. Il est très sensible dans la presse écrite.

Ainsi, Merco Tourneur, dans *Le Point* du 28 octobre 2010, commence son reportage sur la Birmanie « Le 4 × 4 coréen noir dévale la route en lacet qui descend de Maymyo, jadis station de montagne des Britanniques, vers la plaine et la grande ville de Mandalay. Au volant, un soldat, lunettes de soleil sur le nez, l'air conquérant, klaxonne à tout va, forçant voitures, camions et triporteurs à s'immobiliser en catastrophe sur les bas-côtés. Le 4 × 4 appartient à un officier supérieur qui vient de l'importer en fraude de la frontière chinoise à 250 km. Le chauffeur est chargé de le convoyer à Mandalay pour le faire régulariser. Car les militaires ont la haute main sur ce juteux trafic. » Ainsi ce personnage nous introduit-il, par une scène qui pourrait être celle d'un film, dans l'atmosphère de corruption que l'auteur du reportage veut nous donner à entendre.

Le choix des mots dans la presse privilégie systématiquement le concret, le pratique, le vivant, le visuel. Le rédacteur cherche à faire référence chez son lecteur à un capital de vocabulaire familier. Les « difficultés de trésorerie » de telle entreprise deviendront probablement : « Il n'y a plus d'argent dans la caisse. »

Le vocabulaire précieux (une exposition *coruscante*), les langues régionales, le franglais sont à manier avec précaution : est-il bien sûr que ce public particulier comprendra ?

Hélas, les journalistes ont souvent bien de la peine à se dégager d'une langue à la mode. Elle peut véhiculer des contresens ou des non-sens fâcheux. Est-il bien sûr que le *« profil lisse »* qui a été beaucoup attribué à certaines personnalités politiques à une période avait un sens précis pour beaucoup de lecteurs ?

3. **Le précis.** – Beaucoup des reproches adressés aux journalistes portent, de façon explicite ou non, sur l'« à-peu-près » dont ils se satisfont assez volontiers. « Vous vous contentez trop souvent, leur dit-on, du vraisemblable, d'un récit approximativement acceptable. » Ces critiques sont d'autant plus douloureuses que le journaliste a le devoir de la précision.

Il doit d'abord se traduire dans le choix des mots. Les verbes *avoir, faire, réaliser,* etc. sont des ennemis publics. Tous les risques de polysémie doivent être évités. Le bon rédacteur a le sens des détails. Pas de J. Durand, mais Jacques ou Jean Durand. La précision de l'âge et du titre exact est de rigueur. Ce n'est pas la même chose d'être secrétaire général d'une entreprise et directeur administratif.

Surtout, tout au long du processus de vulgarisation qu'est inévitablement la rédaction d'un article, l'auteur doit s'assurer qu'aucun des raccourcis auquel il procède ne porte atteinte à la logique générale du mécanisme envisagé.

4. Le lisible

A) *Les paragraphes.* – La lisibilité d'un texte procède d'une appréciation très subjective dans laquelle en premier lieu… le contenu n'a rien à voir. Le sentiment de répulsion à la perspective de devoir lire un texte immense sans respiration visuelle est terriblement préjudiciable. Rares sont les lecteurs qui le surmontent.

D'où les innombrables efforts faits en matière d'habillage d'un article (cf. chap. VI). D'où aussi la nécessité de veiller à des paragraphes courts, chacun développant une idée et une seule.

B) *Les mots et les phrases.* – Les journalistes doivent être attentifs à ce que la construction des phrases, le choix de leurs mots ne fassent pas obstacle à la compréhension. Dans les deux cas, la clé est la concision. Les mots trop longs (au-delà de trois syllabes), les phrases trop longues (au-delà de 13-15 mots) supposent un effort conscient de lecture qui devient vite épuisant. Les constructions atypiques (complément de temps ou de causalité en début de phrase) compliquent la compréhension. Il faut les fuir absolument lorsque le lecteur n'est pas encore très engagé dans l'article. Il en sortira bien vite…

Il existe une manière de contre-exemple absolu sous forme d'un article collectif *(Ben Bella et les Barbus)* d'Alain Carignon, Gisèle Halimi et Dominique Jamet dans *Le Monde* du 2 octobre 1990. En voici, en tout et pour tout la première phrase :

« À lire la presse algérienne, à entendre la rumeur qui monte de ce grand pays partagé comme toujours entre la fièvre et l'expectative, l'immobilité et le tremblement, à observer le spectacle pour nous désolant qu'offre la rue, où l'homme et la femme, regardant droit devant eux, suivent des voies qui semblent ne jamais se rencontrer, où la frustration et la peur cheminent de compagnie, où le haïk, le hidjab et le tchador chassent peu à peu la jupe, la robe, le pantalon, à constater que le Code de la famille, ultime étape avant la Charia, pèse de tout son poids sur les plus faibles, les femmes et les enfants, que la censure et l'autocensure étendent leur empire sur les restaurants, les cafés, les cinémas, les plages et les cerveaux, à compter tous ceux et toutes celles qui dès à présent courbent le dos, plient les genoux quand ils ne plient pas bagages et ont déjà accepté la défaite, à vérifier qu'à six mois d'élections législatives enfin libres, pluralistes et décisives, le FLN n'est plus qu'une coquille vide, dont les dirigeants expédient les affaires courantes, et les militants espérant un sursaut attendent passivement la fin, sont prêts à s'accrocher à n'importe quelle planche de salut, ou travaillent déjà ouvertement ou de connivence avec les militants islamistes ("La barbe leur a poussé", dit-on malicieusement), et quand on voit que ceux-ci, maîtres des villes et des villages, y tiennent le haut du pavé, rétorquent à ceux qui leur reprochent de n'avoir pas encore tenu leurs promesses en matière de logement, d'emploi, etc., que c'est parce que les moyens ne leur en ont pas encore été donnés, et semblent constituer désormais la seule force politique structurée existant sur l'ensemble du territoire national algérien, on se dit que tout se passe comme si les jeux étaient faits et que les intégristes avaient déjà pris le pouvoir. »

Trois cent treize mots et 1 864 caractères pour une seule phrase, c'est-à-dire la taille d'un article entier dans bien des journaux, c'est à se demander si les auteurs ne cherchaient pas délibérément la performance. Mais pour quelle compréhension chez le lecteur ?

Deux Américains, Gunning et Flesch, ont inventé, chacun de son côté, des mesures de lisibilité qui mettent bien en évidence le problème de fond : la longueur des mots et des phrases.

Gunning, par exemple, a imaginé un *fog index* dont il est intéressant de voir quelles composantes il met en cause. Le *fog index* s'obtient en effet en multipliant le nombre moyen de mots par phrase additionné au pourcentage de mots de plus de trois syllabes par 0,4. On obtient ainsi un nombre repère compris en général entre 5 et 20. La mauvaise lisibilité est sensible à partir de 12. Elle est notoire pour les formulaires administratifs. Elle le fut… pour les livres scolaires. Hélas, Marcel Proust – longueur des phrases oblige (32, en moyenne) – est toujours mal placé. Les bandes dessinées, au contraire…

Un petit outil est disponible sur Internet, le *textanalyzer*. Il applique les principes de Gunning et Flesch. Il considère que la difficulté s'étage d'un index de 6 pour les textes faciles à 20 pour les textes difficiles. Le texte ci-dessus de nos trois auteurs atteint le score de… 72.

La lisibilité d'une phrase est grandement affectée par le recours ou non à des tournures passives. Chaque fois qu'un verbe actif peut être placé, il donne comme un encouragement à la lecture.

Les formules parasites « Vous ne *manquez pas de* savoir », « Il répéta *à qui voulait bien l'entendre* », les parenthèses, les litotes, les euphémismes – tous plus ou moins vides de sens précis – sont des obstacles à la compréhension.

On se dispensera ici des jérémiades communes sur les effets de mode dont assurément le vocabulaire journalistique est coupable. Elles sont fondées, et cela doit être pourchassé. Mais signalons, plus sur le mode pratique, l'intérêt de l'outil Google Trends qui permet de repérer les tendances d'usage d'un mot ou d'un nom propre dans les textes que les ordinateurs de la firme analysent. Amusant et révélateur.

C) *Le rythme*. – Le sens du rythme est un des grands talents qui allège la lecture. Stéphane Denis publie, dans *Paris Match* du 23 mai 1996 : « Ses amis n'en finissent pas de tuer Mitterrand. » Dans ce texte alternent habilement des développements relativement longs et, soudain, une formule très courte : « Quelle existence ! », « Le gag est bon. » Puis c'est une rafale de mots comme pour marteler. « Maître et valet, c'est à prendre d'un bloc. Il se dégage de l'ensemble depuis que chacun y va de sa petite histoire, le tableau mortel de la médiocrité. Médiocrité de l'époque, médiocrité des situations, médiocrité des personnages. Médiocrité des faux mémoires du président défunt, rédigés en cousant les mensonges aux dérobades. Médiocrité de ce qu'ont vécu ses serviteurs, ses familiers, ses ennemis. »

III. – Les outils de l'écriture journalistique

Il existe deux types d'instruments de l'écriture journalistique : les genres (cf. chap. IV) et les outils. Les premiers sont nettement différenciés les uns des autres. On n'écrit pas une interview comme une enquête, ou un reportage comme un portrait. Pourtant, dira-t-on, le lecteur leur trouve souvent des éléments communs. Ce sont les outils auxquels le reporter recourt en toutes circonstances.

1. **Les anecdotes significatives.** – Dans sa chasse au concret, le journaliste fait celle aux anecdotes qui en témoignent. L'objectif est à la fois de raconter une très courte histoire qui rende la lecture agréable et de donner à comprendre ce qui, conceptualisé, serait trop complexe.

« Un de plus, écrit en début d'article Raphaël Malkin, dans *Les Inrockuptibles* du 6 octobre 2010. Nous sommes fin septembre et le 11e magasin français d'American Apparel (AA) ouvre ses portes aux Quatre Temps, le centre commercial de La Défense. Tout est là : les néons aveuglants, les vendeurs et les vendeuses aux mines bien fraîches, les rangées de fringues colorées. Pourtant, la soirée semble tranquille. Les couloirs vides du centre commercial laissent à peine résonner le bruit de ceux venus trinquer à la santé du nouvel espace AA. À l'intérieur, seulement deux douzaines d'aficionados. Cela ne pèse pas bien lourd quand on se rappelle les foules excitées qui dévalisaient les boutiques de la marque californienne, il y a encore deux ans. » Le décor est posé. Quelque chose cloche dans cette enseigne. L'anecdote nous amène à un raisonnement lui beaucoup plus élaboré.

La télévision, en dehors de toute une actualité « institutionnelle » (voyages d'officiels, déclarations, etc.), construit même de façon quasi exclusive ses récits sur la base d'anecdotes significatives. On ira dans telle localité de campagne suivre un personnage clairement identifié faire chaque jour 20 km en voiture pour s'approvisionner dans un supermarché éloigné, plutôt que de planter un journaliste devant son micro expliquant que la desserte commerciale du monde rural est devenue insuffisante. Évidemment. Il faut donner à voir une tranche de vie, ce que la télévision sait très bien faire, plutôt que de développer des concepts, en quoi elle est presque impuissante.

Les enquêteurs et les reporters doivent être des chasseurs hors pair d'anecdotes significatives. Dans leur manière de conduire les entretiens, ils ne cesseront de guetter cette petite histoire qui montre que le lecteur est bien dans la vraie vie.

2. **Les images et les exemples.** – Toujours pour se prémunir contre un propos obscur, le journaliste fait un

abondant usage d'images susceptibles d'éclairer son propos. Ainsi, pour les chiffres ou les sigles le rédacteur préférera toujours donner un ordre de grandeur qu'un chiffre exact à la décimale près. Seul le premier crée du sens. Encore faut-il lui adjoindre le plus souvent une image.

Quant aux sigles, une poignée est absolument compréhensible de tous les Français. Beaucoup d'autres sont spécifiques à tel ou tel secteur d'activité au point qu'il peut en exister qui aient des sens multiples.

Telle usine, objet d'un reportage, consomme en électricité autant que la ville de Sisteron. La formule est sûrement plus heureuse assurément qu'un chiffre qui ne dira rien au lecteur. En d'autres circonstances, ce sera telle distance parcourue qui sera équivalente à celle de la terre à la lune, etc. Dans ces deux cas, ce sont des chiffres auxquels on essaie de donner un sens. Et, en effet, les coûts de travaux, les montants de budget, les quantités d'une substance ont rarement un sens très éloquent pour le lecteur non initié. Ce « Que sais-je ? », par exemple, compte environ 220 000 signes. Pour qui cette information sera-t-elle vraiment significative, au sens plein de ce mot ?

L'image sera volontiers utilisée pour contourner des unités de mesure mystérieuses. Ainsi des fameuses PPM (particules par milliers) des chimistes. Invariablement, on trouvera une analogie du type : « C'est comme si on en versait une cuillère à soupe dans une piscine. » Même chose encore pour les mécanismes, qu'il s'agisse précisément de mécanique ou d'administration.

Les exemples vont manifester le souci de l'auteur de toujours montrer que tel concept a une application dans la vie de tous les jours, donc dans celle de la plupart des lecteurs.

L'explosion des impôts locaux depuis plusieurs années est devenue telle, pourrait-on lire par exemple, que c'est plus que jamais devenu un critère lors de l'implantation des entreprises. On en voit même fuir. Ainsi, à Saint-Pierre-les-Paul, les Ets Lajoie & Cie ont abandonné la commune pour celle, voisine, de Saint-Paul-les-Pierre beaucoup plus modérée.

L'enquêteur, notamment, va constamment faire la chasse à ces exemples qui crédibilisent le propos. Le discours journalistique ne peut jamais tenir durablement sans ces « grains de poivre » qui lui donnent sa saveur et qui témoignent que le journaliste est bien allé sur le terrain.

3. **Les citations.** – Elles ont deux vocations sous la plume du journaliste : rendre vivant et accréditer. La citation est, en effet, d'abord dans un texte ce qu'une bande sonore est dans un journal parlé ou l'apparition d'un témoin dans un reportage télévisé. C'est un son nouveau qui prémunit contre le risque de lassitude à la lecture.

C'est aussi la preuve que le journaliste a entendu des acteurs du sujet qu'il traite et ne se contente pas d'énoncer son opinion, ce à l'encontre de quoi le lectorat peut être assez facilement méfiant.

Le rédacteur va rechercher deux types de citations. Le bon mot, c'est-à-dire la formule particulièrement heureuse de l'interlocuteur. Drôle, imagée, elle résume bien mieux que ne l'aurait fait le journaliste un problème ou une situation. La déclaration politique (au sens le plus large de ce mot) sera aussi retenue parce que seul le témoin a qualité pour prononcer cette phrase en raison de ses responsabilités.

« Les aides-soignantes c'est le *lumpenproletariat* des professions de santé », reprend un journaliste de *La Tribune de Genève* du 29 octobre 2010, citant un avocat, dans une affaire de décès provoqué par une mauvaise distribution de médicaments dans une maison de santé. Là, il s'agit d'un jugement qui ne peut être pris par le journaliste à son compte. Mais d'une phrase, l'affaire est résumée.

Incidemment, cela souligne que, sauf dans l'éditorial où l'engagement du journaliste devient licite, celui-ci ne peut poser de jugements sans qu'ils ne soient attribués clairement à des acteurs compétents. Le journaliste paraîtra souvent peu crédible s'il écrit, par exemple : « La loi de finances votée cette année est insuffisante. » Quelles sont ses qualifications pour le dire ? En revanche, qu'il cite des experts dont c'est l'avis, et la critique deviendra plus recevable.

Une règle d'or doit s'appliquer à la citation. Le lecteur doit pouvoir clairement identifier qui parle et en connaître les titres. Malheureusement, la tentation de recourir à de fausses citations parce que c'est stylistiquement agréable pose problème. Ainsi de : « La situation devrait s'améliorer », dit-on au ministère de l'Intérieur. Le rédacteur veut signifier par là que ses contacts, en principe multiples et en tout cas discrets, au ministère de l'Intérieur aboutissent tous à cette même conclusion. Hélas, ainsi formulé, on ne sait pas si le propos a été vraiment tenu ou si le rédacteur synthétise de ces quelques mots tout ce qu'il a entendu. De proche en proche, on peut ainsi arriver, à force d'anonymat, à des pratiques discutables.

Certains reportages citent si volontiers « Amélie, 22 ans, Charlotte, 17 ans et Christian 21 ans » qui deviendront en une autre circonstance Charles, Françoise et Bertrand qu'on en vient à douter de leur existence. Une partie de la presse féminine s'est fait en ce domaine des réputations peu flatteuses.

La généralisation des pratiques de communication par les responsables de tous secteurs aboutit en ce domaine à des résultats très préjudiciables. En effet, pour entretenir de bonnes relations avec des journalistes dont ils savent avoir besoin plus tard, de nombreux dirigeants les reçoivent (souvent fort bien) sous couvert de l'absolue confidentialité des propos tenus. D'où des articles publiés par la suite truffés de mystérieux « dit-on dans les milieux proches de la direction » ou « estiment les experts » qui ne cachent que fort mal leurs vrais auteurs.

Cette pratique est devenue excessive et déloyale vis-à-vis des lecteurs. Elle donne la mesure de dérives dans les pratiques professionnelles sur lesquelles une profession prompte à donner des leçons devrait se ressaisir.

4. **Les formules.** – Le recours au proverbe à la formule populaire présente l'intérêt de faire référence à un sens tout à fait clair dans l'esprit du lecteur et ainsi de faciliter la compréhension dans un passage difficile. « [...] mais, chat échaudé craint l'eau froide, M. Durand était décidé à ne plus se laisser faire. »

L'intention est excellente et la méthode souvent bonne. Le risque est que le procédé se retourne contre l'intention même de son auteur à force d'utiliser des formules toutes faites. On ne compte plus, par exemple, le nombre de nations, d'équipes sportives, d'entreprises, etc. qui « veulent jouer dans la cour des grands ».

Chapitre VI

L'HABILLAGE DES ARTICLES

S'il est un domaine où l'habit fait le moine, c'est bien celui de la presse. Les soins portés à l'apparence des articles n'ont jamais fait l'objet d'autant d'attention. Ils s'attachent à toutes les phases, soigneusement analysées, de la prise en main d'un journal.

Presque tous les lecteurs commencent par un feuilletage terriblement sélectif : en quelques minutes (trois en moyenne), 80 % du contenu d'un journal sont éliminés. Il n'est même pas sûr que ce feuilletage ait commencé dans l'ordre que souhaiteraient les responsables du journal puisque bon nombre de lecteurs commencent par la dernière page, à moins qu'ils n'aient une « rubrique-marotte », l'horoscope ou la météo, par exemple, vers lesquelles ils iront en toutes circonstances.

I. – Le premier niveau de lecture

1. **Le titre.** – Le titre est à l'intersection de deux impératifs souvent contradictoires : produire un signal graphique clairement repérable et donner du sens. Il est hélas très clair que dans l'ordre des facteurs c'est d'abord la nécessité d'être nettement visible qui compte. L'œil ne va qu'au plus gros caractère. D'où ces titres elliptiques qui font sursauter le lecteur. D'où ces mots qui ne peuvent jamais, en dépit de leur sens, rentrer dans un titre parce qu'ils sont trop longs : *aménagement* par

exemple, dont la situation est aggravée par la présence de la lettre *m* qui prend de la place sur une ligne…

Le journaliste doit vivre avec cette contradiction. D'ailleurs, les rédactions l'ont tellement intégré que, le plus souvent, l'auteur de l'article n'est pas celui qui titre.

A) *La fonction du titre.* – Le titre définit un contrat avec le lecteur. Il engage l'auteur à dire ce que le titre annonce. D'où la condamnation sans nuance que méritent les titres réputés « sous-vendeurs », lorsqu'ils n'en disent pas autant que n'en contient l'article ou « survendeurs » lorsqu'ils en disent bien plus. Le second cas est le plus fréquent. Il y a, dans ces deux cas, « tromperie sur la marchandise ». Mais en même temps c'est un véritable défi pour l'auteur d'un titre de concilier le graphisme avec le sens.

Le titre hiérarchise les informations. Il le fait d'abord par ce qui est sa caractéristique première : sa grosseur typographique. C'est une faute de composer en plus gros caractères le titre d'une information mineure, même si c'est techniquement possible, alors qu'ailleurs, dans la page, l'information la plus importante n'est pas aussi visible. La typographie du journal est, en principe, au service du sens. L'usage le plus commun est que les titres les plus gros soient en tête de page. Là encore, c'est un contrat implicite avec le lecteur qui doit pouvoir se reposer sur cette adéquation entre signal visuel fort et importance de l'information.

La généralisation de programmes informatiques de mise en page faciles à utiliser a parfois eu pour effet malheureux de rompre avec les traditions typographiques. Aussi contraignantes et parfois formelles qu'elles aient été, elles avaient le mérite de constituer comme une grille d'appréciation des signes pour le lecteur.

Le titre exprime, par ailleurs, certaines orientations éditoriales de la publication. Il est rare en effet que celle-ci n'arrête pas une position quant à sa technique de titrage. Jouera-t-on d'un surtitre ou d'un sous-titre ? Quelle sera la sonorité des titres ? Préférera-t-on des titres incitatifs qui usent de mots forts, de jeux de mots, d'images comme *Libération* s'en est fait une tradition parmi quelques autres ? Ou bien préfère-t-on un son plus discret par un titre exclusivement informatif, comme le font souvent *Le Monde* et *Le Figaro* ? Il est rare que ce type de décisions relève de la fantaisie de chaque rédacteur. L'habit faisant le moine, les directions éditoriales savent bien qu'elles seront beaucoup jugées là-dessus.

Accessoirement, le titre est un révélateur du point de vue de la technique de rédaction. En effet, il n'y a jamais de difficulté à titrer un article dont le sens est évident. C'est que la construction est bonne. La quasi-totalité des difficultés vient d'hésitations sur la compréhension de l'article. Par conséquent, s'il y a la moindre difficulté à titrer, il doit d'abord y avoir alerte sur l'écriture même de l'article.

B) *Titres, surtitres, sous-titres, rubricage, chapeau, attaque...* – L'usage a multiplié, autour du titre, des accessoires qui sont fortement sujets à des modes. Le rubricage *(économie, politique, étranger)* n'a normalement rien à voir avec le titre puisqu'il est seulement censé découper la publication entière en autant de thèmes qu'elle prétend traiter. Parfois, ces têtes de chapitre sont soutenues par une couleur, afin d'en faciliter le repérage par le lecteur. Mais des évolutions récentes ont amené des formes de rubricage bien singulières (« voum-voum » à propos d'un article sur l'automobile) qui ne peuvent plus prétendre découper le journal parce qu'elles ne se retrouvent pas dans chaque numéro, mais sont plutôt un clin d'œil au lecteur et un « supersurtitre ».

De la même manière, l'évolution (voire la disparition) des chapeaux au profit d'accroches qui sont cousines germaines des sous-titres a évidemment eu pour effet de faire disparaître ces sous-titres. Seuls les surtitres semblent tenir bon dans les pratiques graphiques.

La règle absolue étant que le titre doit donner l'information centrale, le surtitre ou le sous-titre peuvent servir à le compléter. *Qui, quoi, comment* ou bien *où* dira tel titre. *Pourquoi* précisera soit le surtitre, soit le sous-titre.

« La Suisse ouvre une seconde brèche fiscale en Europe », titre *Le Temps* (de Genève) du 28 octobre 2010. Le sous-titre complète cette indication de deux manières : « Secret bancaire. Après Londres, Berlin accepte d'entamer des négociations. » Ici, c'est donc : qui, quoi, où dans le titre. Comment, dans le sous-titre. On aura remarqué là que l'indication « Secret bancaire », qui eut classiquement été en surtitre, passe là en sous-titre, mais en caractères gras qui la distinguent de ce qui suit.

C) *Les règles d'or.* – Un titre perçu (cf. *supra*) dans une phase de lecture rapide, voire distraite doit être parfaitement clair. L'idée très répandue selon laquelle un effet d'intrigue encouragerait à la lecture est totalement fausse. À moins qu'un sens précis soit nettement indiqué, même sous une forme imagée, ironique, etc.

Les raccourcis, hélas indispensables, lorsqu'ils sont trop audacieux ne facilitent pas la compréhension. « Le matériel électrique croit à un prochain redémarrage », titre ainsi sans grand bonheur un journal financier.

Le souci de clarté interdit aussi de recourir à des mots polysémiques (plus…) qui peuvent donner un sens contradictoire au titre. De même pour les mots pédants, conceptuels ou pour les sigles peu répandus. À l'instant de feuilleter, le lecteur n'aime guère se poser des questions.

C'est ce qui rend peu souhaitable le recours au point d'interrogation, même si l'usage en est fort répandu. « Comment allez-vous redresser la CGE ? », titre *Le Revenu français* dans son édition du 19 avril 1996.

Presque tous les articles peuvent être titrés sur le mode interrogatif et, en tout cas, d'autant plus aisément qu'ils sont mal construits. Certains articles, certaines rubriques ou certaines revues qui aiment à se donner une manière de « chic intellectuel » y recourent très volontiers. Il n'est pas sûr que le lecteur y soit gagnant. L'usage du point d'interrogation nous paraît pertinent essentiellement dans le cas où l'auteur de l'article veut signifier que toutes les manières d'examiner un problème ramènent sans arrêt à telle ou telle question pour le moment sans réponse. Dans l'exemple cité ci-dessus, l'intention des auteurs était sans doute de souligner l'interrogation centrale d'une interview accordée par le président de la CGE.

Plus généralement, le point d'interrogation nous paraît adapté à des textes de commentaires et non pas d'informations.

Le souci de clarté se conjugue également avec une volonté de dynamisme dans l'écriture. L'usage de mots forts doit être toujours préféré. L'existence d'un verbe actif donne du tonus à la phrase. D'où les réserves que l'on doit faire souvent quant à l'usage des deux-points (:) qui se substituent à un verbe, le plus souvent faute de place. Ainsi : « Palmarès de l'INPI : Renault de retour » titrent *Les Échos* des 11-12 avril 2014. La formule reste ainsi un peu vague : pas de verbe et un sigle mystérieux pour le grand public.

Or, le vague est l'ennemi du bon titre. « Dimanche : le Conseil d'État valide la dérogation », écrit le même journal, le même jour, dans la même page. Après réflexion, on peut comprendre qu'il s'agit de l'autorisation d'ouverture des commerces le dimanche. Mais l'acceptation la plus générale du mot « dimanche » étant tout autre, tous les lecteurs comprennent-ils aussitôt ce que l'on entend par là ?

Une boutade prétend que le titre idéal est celui que l'on ne pourra faire qu'en une seule occasion tant il est parfaitement adapté à la situation particulière qu'il dépeint. C'est en tout cas vrai *a contrario* : tous les titres automatiques sont mauvais. « Deux oui pour un nom », jeu de mots convenu pour rendre compte d'un mariage ; « Bienvenue au commandant Durand », lu cent fois à propos d'une nomination ; « L'association X fait le point » ou « Une soirée enrichissante » ont perdu tout contenu à force d'avoir été répétés.

2. **Les types de titres.** – Dans ce domaine, si sujet à des modes, les catégories de titres n'ont guère varié. On trouve d'une part les titres infirmatifs, d'autre part les titres incitatifs.

A) *Les titres informatifs.* – Ils résument l'information sans la moindre fantaisie. Les agences de presse ainsi que certains journaux s'en sont fait une règle absolue, notamment dans un souci d'image. Les unes et les autres veulent montrer implicitement par là qu'ils s'en tiennent toujours à l'information et qu'ils sont donc en la matière une référence. Lorsque, par exemple, *Le Monde* du 9 octobre 2010 titre : « Air Liquide développe une centrale à charbon propre aux États-Unis », on ne saurait prétendre qu'il recherche le sensationnel. Aucun doute ne peut rester après la lecture de ce titre sur le fond de l'affaire.

B) *Les titres incitatifs.* – Ils cherchent à surprendre, à faire sourire, à intriguer par des images audacieuses, des mots chocs, des jeux de mots, des formules détournées, etc.

Le numéro de l'hebdomadaire *Le Point* du 16 mars 1996 donne, par exemple, une palette des ressorts de ce mode de titrage. Formule détournée avec : « Dieu sauve la monarchie », à propos d'une enquête sur l'attachement des Britanniques à leur régime ou avec « La vie de château », second article sur le même sujet dans un angle plus centré sur l'aristocratie. Toujours un jeu sur une traduction avec : « Corot *ma non troppo* ». Formule détournée encore, mais cette fois en français avec « Des hommes de forte volonté » à propos d'une critique littéraire. Jeu de mots à propos d'un portrait de M. Gilles Gobin intitulé « Plein gaz ». L'entreprise concernée stocke gaz et carburants. Référence à un titre de film avec : « Schröder contre Schröder » (allusion au film *Kramer contre Kramer*). L'article ainsi titré explique les conséquences d'une séparation familiale sur la vie politique d'un leader allemand. Intrigue sous forme de « UAP/BNP : néfaste barbichette », référence à la formule populaire : « Je te tiens, tu me tiens par la barbichette » et à l'actionnariat croisé de ces deux sociétés. Image forte avec : « Orthopédie : la pâte à os », allégorie militaire avec : « Juppé sonne le rassemblement », etc.

Le titre incitatif présente l'évident intérêt de surprendre le lecteur, souvent de le faire rire ; l'inconvénient cependant est le risque du mauvais goût ou de l'hermétisme. En effet, le goût du jeu de mots ou de l'allusion ne dispense en aucune manière de l'impératif de clarté. C'est la cause de l'échec de 90 % des titres incitatifs. « Les États généreux du football français », titre, par exemple, *Libération* du 29-30 octobre 2010. Jolie formule, peut-être. Mais, malgré une accroche

(Gouvernance. La grande messe du ballon réoriente le pouvoir sportif et économique en faveur des pros), en quoi sont-ils généreux, est-ce bien la bonne formule ?

Pour éviter ce risque, l'usage s'est répandu de jouer de la complémentarité entre un titre incitatif et un surtitre informatif.

3. **La photo.** – Au premier stade de la lecture, c'est simultanément du titre à la photo que va l'œil. Nous avons signalé son évolution (cf. chap. II) qui a tenu compte de cette très grande importance dans le processus de lecture. Il est certain que des photos floues ou dépourvues de toute signification hors de la lecture de la légende décourageront la lecture de l'article correspondant.

Force est de constater qu'une bien sympathique complicité entre les habitués de la presse locale et régionale et leurs journaux a permis de se maintenir une exception : ces groupes de personnes plus ou moins bien photographiées que le lecteur va essayer de reconnaître dans la mesure où ce sont des voisins d'une proche localité. Une consigne a longtemps valu aux journalistes de ces publications : « Photographiez des groupes aussi nombreux que possible. Chacun de ceux qui se trouveront sur le cliché voudra acheter le journal pour le conserver. » Il est plaisant d'observer qu'à l'heure d'Internet et des débarquements en direct sur les chaînes de télévision, cette règle fort ancienne conserve probablement une bonne part d'efficacité.

4. **La légende.** – Si le pouvoir attractif de la photo est bon, le regard, logiquement, va se porter sur la légende. D'où la nécessité de la charger le plus possible en informations attirantes qui inciteront à se porter sur l'article lui-même. Les trop célèbres : « Une vue partielle de

l'assistance » ou « Le public était venu nombreux écouter M. Y… » ne sont plus acceptables.

Quelques journaux s'en tiennent strictement à la précision de ce que représente la photo : le nom des personnes qui s'y trouvent, par exemple.

Beaucoup divisent la légende en deux. Une partie est une référence au cliché ; l'autre, au contenu de l'article. *Le Monde Magazine* du 9 octobre 2010 publie, par exemple, reportage sur Hong Kong. Sous une photo de rue, on lit : « SÉDUCTION. Le Vieux quartier, préservé, abrite aujourd'hui les boutiques pour touristes. » Au début donc, un sentiment, puis de l'information. Les exemples du contraire se trouveraient sans peine.

Toute une partie de la presse est constituée quasi exclusivement de légendes : ainsi de la presse spécialisée dans le jardinage, l'aménagement de la maison, le bricolage ou les produits cosmétiques. Tout l'art est alors de réussir une déclinaison entre une illustration soigneusement choisie et les légendes le plus souvent habilement incrustées dans la photo ou le dessin. Ainsi, *Prima* propose dans son numéro de juin 1996 « trois idées déco sur le carreau ». Outre trois grandes photos proposant trois utilisations différentes de carrelage, le journal suggère « quatre gestes pour la pose du carrelage ». Il s'agit de quatre dessins dont le réalisme les confond avec des photos. Sous chacun une légende. Par exemple, pour le premier : « 1/ Après avoir étalé le ciment-colle avec un platoir dentelé, posez une première rangée de carreaux en veillant à les espacer régulièrement à l'aide de croisillons de plastique. » Et, en dehors de ces légendes, pas le moindre article.

II. – Le deuxième temps de la lecture

Le deuxième temps de la lecture, qui dure à peine plus longtemps que le premier, consiste à grappiller quelques éléments pour vérifier si l'intérêt suscité par le titre, la photo, la légende est mérité. Le lecteur veut en savoir davantage, mais il n'est pas encore captif. D'où, d'abord, l'importance du chapeau. Ces dernières années, les graphistes ont imposé une évolution par suppression du sous-titre et substitution d'un texte légèrement plus long que celui-ci, l'accroche. Dans ces choix tout est affaire de longueur. Feu le sous-titre ne dépassait jamais une phrase. L'accroche peut en compter deux, voire trois très courtes. Elle sera présentée sous toute la longueur du titre. Le chapeau classique est le plus souvent en caractères gras sur la colonne du début de texte. Il est le plus long de tous ces modules, pouvant aller jusqu'à quatre courtes phrases.

1. **Les chapeaux et les accroches.** – Quelle que soit la formule retenue, chapeau ou accroche, les principes de rédaction sont les mêmes. Le chapeau est à la fois un résumé de l'article et une incitation à la lecture. Il donne l'information de façon sèche et comporte quelques formules heureuses qui suggèrent tout l'intérêt de l'article qui s'annonce. L'écriture doit être dynamique ; les mots forts, vivants et concrets, privilégiés. C'est le mariage de la brièveté et de la nervosité. *Les Inrockuptibles* du 6 octobre 2010 sous un titre de rubrique politique déjà fort : « Que le meilleur perde », choisissent ce chapeau : « Le pouvoir est un effroyable fardeau ; l'opposition une situation de rêve. L'objectif profond des hommes politiques n'est pas la victoire mais la défaite. » Mots forts, formulation paradoxale : on a envie d'aller y voir. Plus proche du sobre résumé, voici, sous le titre « Après les élections législatives, l'Irak face au risque de partition », *Le Monde* (3 mai 2014) qui écrit : « Le scrutin du 30 avril s'est déroulé dans un calme relatif ; les résultats sont attendus pour la mi-mai. »

Une mode qui a contaminé à parts égales médias audiovisuels et écrits veut que le chapeau se termine parfois par le genre journalistique de l'article qui suit (enquête, reportage, etc.).

Certains journaux ajoutent (parfois en jouant sur les couleurs de soutien) un mot-repère. *L'Hebdo* (Lausanne) du 18 avril 1996 titre, par exemple : « La mésaventure de Jésus au *Matin* » (allusion à une publicité à connotation religieuse parue dans un quotidien lausannois). L'accroche retenue est : « Censure ? [en gros caractères] Colère d'une agence de pub : son dernier message biblique n'a pas trouvé grâce auprès de Publicitas. »

Curieusement, certains journaux ont ou ont eu comme usage de faire, parfois, de très longs chapeaux *(Paris Match, Libération)*. D'autres ont recouru au faux chapeau, c'est-à-dire au fait de composer en gros caractères les premières phrases de l'article. Ces usages ont, la plupart du temps, fait long feu, car c'est à peu près l'exemple parfait de la fausse bonne idée : la vocation du chapeau est d'être compris en un instant et rien ne dit qu'un début de texte fasse un bon résumé.

2. **Les intertitres**

Les fonctions. – Les intertitres doivent être nettement distingués des têtes de paragraphe. Les premiers ont vocation à surprendre, à créer un effet d'intrigue. Les seconds au contraire, à la manière de ceux utilisés dans cet ouvrage et dans de nombreuses publications universitaires, marquent les chevilles du raisonnement. Un lecteur paresseux qui irait de tête de paragraphe en tête de paragraphe connaîtrait au moins les principaux arguments de l'auteur. Impossible avec des intertitres qui ont fonction de faire soudain ressortir les mots, les phrases les plus fortes, l'important étant de donner envie, là encore, au feuilleteur d'entrer dans sa lecture ou au lecteur de poursuivre jusqu'au bout.

C'est là une nette différence entre les deux. L'intertitre sera lu aussi bien au moment du survol rapide et distrait du journal qu'à sa place logique en cours de lecture. La tête de paragraphe ne peut se comprendre qu'en fonction du développement logique qui précède.

Au total, par opposition à tous les autres niveaux de lecture (titres, chapeau, etc.), l'intertitre est le seul dont l'auteur doit soigner le mystère et le suspens.

Les types – Les intertitres dont les éditeurs connaissent bien les effets de rebond à la lecture ont beaucoup changé de formes et sont l'objet de modes nombreuses. Dans sa formule en kiosque en 2010, *Le Monde* cumulait des types nombreux. Mais l'apparente diversité n'était pas due au désordre mais au genre de l'article. Dans les textes informatifs courants, les intertitres étaient de courtes formules nerveuses, un peu mystérieuses, reprises d'un développement ultérieur « Périphérie frondeuse », dans un article sur une contestataire iranienne, « Grand rire frais » dans un article sur Mgr Desmond Tutu. Quelques pages plus loin, le journal recourait à une technique très commune désormais de l'exergue en citant une déclaration d'un personnage du texte.

Cette même année, les *Inrockuptibles* remplaçaient les intertitres par des débuts de paragraphes en gros caractères, tandis que le supplément littéraire de *Libération* plaçait en début de ligne et en caractère gras un mot seul.

III. – **La couleur**

Les deux premiers niveaux de lecture ici examinés et concernant donc titres, chapeaux et intertitres ont beaucoup été déclinés, depuis une dizaine d'années, par l'usage de plus en plus fréquent de la couleur dans le texte.

Nous avons déjà signalé le recours désormais quasi général à la photo en couleurs. Mais la possibilité de l'utiliser désormais dans les caractères d'imprimerie eux-mêmes, pour souligner un mot ou un passage important, est devenue, en peu d'années, la règle. Avec d'innombrables applications. « Qu'est devenu Alain Boublil ? », se demande le magazine économique *Challenge* (mai 1996), « Qu'est devenu » apparaissant en rouge. Et douze ans plus tard, en 2014, le quotidien lausannois *Le Matin* utilisait la technique du « surlignage » dans la partie la plus forte de ses titres. L'écart de dates entre ces deux exemples est instructif du constant recyclage des mêmes techniques dans le monde de la presse.

Depuis fort longtemps, le recours à des à-plats légèrement teintés a permis de créer du relief dans les pages et ainsi d'attirer l'attention même sur des passages peu importants. Il en est parfois résulté des journaux incroyablement bariolés. Pour autant, l'attrait de la couleur n'a pas baissé dans le public, les ventes témoignant en particulier de différences sensibles entre les journaux restés au noir et blanc et les autres.

IV. – La lecture de fond

Pour encourager le lecteur à s'attaquer au corps même de l'article, certaines précautions doivent être prises. La longueur décourage systématiquement. Aucune étude n'a jamais montré de l'attrait pour de longs développements. Les textes dépassant 1 800 signes vont de plus en plus vite perdre des lecteurs. D'où l'habileté des journaux à éclater leurs textes en de multiples petits modules.

Là encore, l'habit fait le moine, et le soin aux apparences peut maintenir le lectorat attaché. Ainsi de la nécessité de faire des paragraphes courts qui donnent un sentiment d'aération du texte. Cette même nécessité rend les intertitres déjà évoqués indispensables précisément à partir de 1 800 signes environ.

1. **Les attaques.** – L'écriture des débuts et des fins d'article doit toujours être conçue pour encourager à la lecture. Elles doivent être courtes, concrètes, grammaticalement simples. « Compte tenu de la défiance commune dans l'opinion à l'encontre d'un personnel politique trop éloigné » conduira instantanément à l'abandon de la lecture. « Les Français ne croient plus en leurs hommes politiques » est bien plus heureux.

L'attaque bien menée est un peu à l'image d'une voiture démarrant lors du passage du feu rouge au vert. Les régimes du moteur (première, seconde) sont très courts. L'attaque va recourir à tous les procédés entraînants qui peuvent susciter un amusement, une indignation, une curiosité – bref, une envie de lire.

Le balancement : « D'un côté, il y a Liv, 19 ans, presque inconnue. De l'autre, il y a Liz, 64 ans, célébrissime » (« Liv Tyler dans l'œil de Bettina Rheims », in *Paris Match* du 23 mai 1996).

La mise en scène : « Montagnes d'ordures dans les rues, eau sale stagnante, carence des fosses septiques, bidonvilles… Port-au-Prince aurait eu toutes les raisons de voir le choléra s'y déclarer », in (*Le Temps* du 28 octobre 2010).

L'affirmation forte : « C'est un lampiste qui comparaissait hier devant le tribunal de police », in (*La Tribune de Genève* du 29 octobre 2010).

La citation : « "Networking, networking, networking". D'une agence pour l'emploi à l'autre, les conseillers pour l’emploi répètent le mot comme un mantra : sans “network”, sans réseau de contact ou d’amis, aucune chance de trouver un boulot » (*Le Nouvel Observateur,* 28 octobre 2010).

Il faudrait ajouter encore la citation, le paradoxe, la formule détournée, l’image, etc.

2. **Les chutes.** – Les chutes sont le pendant parfait des attaques. Elles ont pour fonction de donner le sentiment au lecteur que « la boucle est bouclée » et que le contrat qu’annonçaient le titre, le chapeau et le début du texte a bien été tenu. Ainsi, les bons articles terminent dans une tonalité similaire à celle du début du texte, un peu comme si début et fin se répondaient, résumant tout à eux seuls. Un portrait de David Ysebaert, cireur de chaussures rendu célèbre pour avoir travaillé pour le conseiller démis du président Hollande, Aquilino Morelle, paraît dans *Libération* du 29 avril 2014. L’attaque est la suivante : « Le conseiller du président de la République et le petit cireur de chaussures. L’image fut terrible pour le premier, qui a démissionné dans la foulée et cruelle pour le second. » La chute est : « Pour l’heure, il n’a gagné aucun client. “Mais j’en ai perdu un”, conclut-il. »

Chapitre VII

LES GRANDES RÈGLES DE L'ÉCRITURE AUDIOVISUELLE

Des dizaines de volumes traitent de l'écriture audiovisuelle et particulièrement de la scénarisation. Il y aurait bien de la prétention à vouloir les résumer en quelques pages. Cependant, des règles de base doivent être rappelées pour souligner la proximité des formes d'écriture écrite et audiovisuelle ainsi que les difficultés intrinsèques que rencontrent les journalistes de ce type de média.

I. – Des moyens plus limités

1. **La nécessaire transposition.** – Le journaliste de presse écrite bénéficie, par rapport à ses confrères des autres supports, d'une plus grande facilité de récit. Si « la situation est tendue », il écrit : « La situation est tendue. » Sans doute, les journalistes de radio ou de télévision ont la possibilité de recourir au commentaire pour préciser leur pensée. Ils diront alors aussi que « la situation est tendue ». Mais le génie propre de la radio ou de la télévision est de donner à entendre ou de donner à voir ce qui se passe. Cela sans la « béquille d'un commentaire » qui apparaît volontiers comme un artifice. À la télévision, en particulier, la chasse est toujours ouverte à ce qu'on y appelle la « radio filmée ». L'idéal, c'est de ne s'exprimer que par l'image.

L'affaire n'est pas qu'un obscur débat de spécialistes. Ce qui est ici en cause est la ligne de démarcation entre ce qu'il est convenu d'appeler à la télévision le « magazine d'actualité » (dans lequel le recours aux procédés journalistiques traditionnels, notamment le commentaire, est admis) et le documentaire qui prétend surprendre la réalité dans une écriture toute proche de celle de la fiction. Ce distinguo a, entre autres, des implications financières. En effet, les producteurs de documentaires peuvent bénéficier des fonds du compte de soutien aux industries de programmes. Ceux de magazines, au contraire, en sont expressément exclus. C'est dire que l'écriture va bien au-delà du service du récit.

Les professionnels vont donc, dans le cas de la radio, chercher un témoin particulièrement éloquent par son bon sens des mots, par la clarté de son exposition, par l'émotion de son ton qui, sans que le moindre commentaire soit nécessaire, fera percevoir la tension. De la même manière, le journaliste de télévision va chercher la scène, les regards, les propos qui révèlent une tension.

Il s'agit donc clairement d'un exercice de transposition. Le téléspectateur est familier, à la veille des décisions de Conseil des ministres par exemple, de ces reportages concernant des mesures prévues que l'on illustre par les changements que ces décisions sont censées produire dans une famille nommément désignée que la caméra suit dans sa vie privée.

Beaucoup des polémiques qui sont intervenues sur le traitement d'une information par les médias audiovisuels tiennent à des dérapages au moment de cette transposition. Car, si l'information « la situation est tendue » est facile à transposer, « la libéralisation des mœurs a multiplié les familles monoparentales » est autrement difficile. Des risques de trivialité, de caricature, de désignation exagérée d'un coupable peuvent résulter de ce travail de traduction de l'information. Le risque le plus caractérisé de ceux-ci est la généralisation abusive, à partir de la situation particulière qui a servi d'exemple. Souvent, cette généralisation n'est pas délibérée de la part du journaliste qui a pris soin dans un commentaire de quelques observations incitant à la prudence. Mais comment, pour le téléspectateur, résister à l'attrait d'un cas concret, d'un personnage séduisant, d'une formule heureusement trouvée ?

2. **Un nombre plus restreint de genres journalistiques.** – En théorie pure, tous les supports bénéficient de la même palette de genres journalistiques pour traduire ce qu'ils veulent dire. Dans la pratique, c'est moins simple. L'enquête n'est, de toute évidence, pas un genre très télévisuel. Certes, tous les grands documentaires ont supposé de longues enquêtes préalables. Mais, à l'instant de recourir au langage le plus naturel de la télévision – celui de l'image –, une transposition est nécessaire. Une enquête à la télévision ne pourra pratiquement jamais se traduire dans les mêmes termes que ceux de l'écrit. Cette remarque vaut pour la radio. En revanche, ce média est évidemment particulièrement à l'aise dans l'interview, souvent dans le reportage, enfin avec des bonheurs divers dans le portrait (l'inévitable transposition par les témoignages sonores étant strictement dépendante de l'éloquence des témoins). La télévision, elle, est à son affaire dans le reportage, l'interview, le portrait. Peu dans l'enquête.

3. **L'obstacle du matériel.** – Le déroulement pratique d'un reportage pour des supports audiovisuels influe sur le contenu même du récit. En effet, alors que le journaliste de presse écrite peut se contenter d'un

stylo-bille pour prendre des notes, le reporter de radio aura nécessairement un magnétophone et son micro, et l'équipe de télévision de nombreux équipements très visibles. Souvent, les besoins de la scénarisation exigent que l'informateur joue son propre rôle : on lui demandera de conduire sa voiture, de mimer ses propres gestes à son poste de travail, de répéter certaines attitudes pour les besoins de la prise de vue. Au moment de l'interview, s'il se laisse aller à un développement obscur, on l'interrompra pour le prier de recommencer plus clairement.

Même des personnalités affirmées supportent mal ce traitement. Un certain niveau d'intimité est, par conséquent, pratiquement impossible à obtenir. D'où la difficulté – au moins – à obtenir des confidences. En sens inverse, ceux qui sont trop à l'aise – et que les télévisions résistent mal à solliciter trop souvent – peuvent tomber dans l'exhibitionnisme.

Sans doute, les matériels deviennent au fil des ans plus discrets et plus mobiles. Sans doute, de très grands journalistes ou réalisateurs sont parfois arrivés, par d'exceptionnelles dispositions psychologiques, à obtenir des propos d'une remarquable densité. L'effet de surprise, parfois, a joué, préservant des échanges d'une grande spontanéité. Ces réussites incontestables n'en ont pas moins été obtenues exceptionnellement. Les conditions moyennes d'un reportage d'actualité, en une demi-journée, transport et documentation compris, ne permettent que rarement les approches nécessaires.

La télévision en particulier est très tributaire des conditions matérielles, voire financières d'un tournage. Le récit, donc l'écriture, peut en être affecté. Lorsque le coût de la journée de prise de vue se chiffre à plusieurs milliers d'euros et que des éléments extérieurs immaîtrisables comme la météo peuvent tout arrêter, les témoignages sollicités en souffrent parfois. Actuellement, par exemple, le schéma type pour un documentaire d'une demi-heure est calculé sur la base d'une semaine consacrée au repérage (pour le seul auteur), une semaine au tournage et six ou sept jours de montage. Si une pluie diluvienne ruine tout espoir de tourner et d'enregistrer un, voire plusieurs témoignages, le réalisateur n'aura pas les moyens de prolonger le temps de travail. Sans doute, les directions de chaîne savent en tenir compte. Mais pas toujours. Au total, bien sûr, le récit peut en être modifié, le plus souvent sur des points de détail, mais tout de même…

II. – Le rôle des témoins

Comme au théâtre dont la télévision emprunte les ressorts, la télévision et la radio expriment d'autant mieux une information qu'elles la font exprimer par des « acteurs ». Les professionnels s'efforcent d'établir un équilibre entre des témoins entendus pour leur expérience ponctuelle et les « experts ». Les premiers vont donner de la chair à un reportage en montrant tout ce que le sujet évoqué a de concret. Les derniers auront pour mission de prendre de la hauteur et de faire passer au téléspectateur une réflexion plus générale. Le bon document a réussi un judicieux équilibre entre les deux, faute de quoi le risque est soit de tomber dans l'anecdotique, soit d'ennuyer par de fumeux débats.

Les capacités de naturel, de drôlerie, de sincérité d'un personnage l'emportent souvent sur le reste. Il n'est pas rare, pour d'importants documentaires, que le repérage inclue ce qu'un anglicisme désigne comme le « casting » des témoins. Au moment de l'enquête préliminaire, l'auteur enregistre quelques rapides propos de chaque personne rencontrée avec une caméra amateur, ce qui permettra de juger si elle est convaincante. Cette sélection se joue donc sur des critères où le physique, la dégaine, la spontanéité l'emportent de loin sur la profondeur de leur pensée.

Au demeurant, dans la logique interne du récit télévisuel, cette démarche est cohérente. La télévision est la petite-cousine du cinéma. Elle s'appuie donc, comme lui, sur la capacité de personnages à porter un récit. Naturellement, le personnage est là pour dire sa vérité et, dans le même temps, l'interpréter : lui donner du ton et de la vie. On ne peut s'assurer qu'il n'y ait jamais aucun risque à cet exercice.

Du moins, beaucoup de téléspectateurs auront pu constater que la présence surabondante de certaines personnalités dans le petit écran tient manifestement à leur don pour faire passer un message. Il n'est pas toujours facile pour le journaliste de contrebalancer la puissance émotionnelle que ce don peut avoir par des arguments de froide rationalité. La matière de l'audiovisuel – radio comme télévision – relève du sensitif bien plus que du rationnel. En sens inverse, des personnages dont la vie témoigne des nombreux mérites restent comme interdits de télévision pour cause de bégaiement, de jovialité insuffisante ou d'absence d'esprit de repartie.

III. – Le découpage

Le récit télévisuel, y compris pour les actualités, s'efforce de suivre la logique interne d'un film. Un personnage, un cadre, une action, le commentaire n'étant là que pour faire le liant entre ces éléments.

La réussite du découpage est aussi importante que celle du plan dans un article. Si le personnage n'est là, comme souvent, que comme prétexte à se promener dans un décor et à en révéler les problèmes qui s'y posent, il faut que leur évocation paraisse absolument spontanée. Gare aux lourdeurs didactiques, aux « il faut savoir en effet que… ».

D'où la nécessité de mettre bout à bout des scènes qui paraîtront amener les sujets tout naturellement. Elles ne peuvent être prises au hasard. Les réalisateurs fuient autant les « images-prétextes », comme ils disent, que la « radio filmée » (cf. *supra*). Les unes et les autres ont le même défaut, elles ne créent pas naturellement de sens.

Les scènes qu'il faut construire, les images qu'il faut filmer doivent avoir pour le téléspectateur un sens spontané, même le son étant coupé. Certaines ont fini par devenir caricaturales, mais c'est parce qu'elles « fonctionnent bien », comme disent les professionnels. Ainsi de la mère de famille qui dans une première image apparaît les bras surchargés de courses, dans une deuxième prend le courrier qu'elle glisse sous son bras de façon malcommode, dans une troisième se libère de tous ses paquets sur une table de cuisine dans un soupir de soulagement et dans une dernière lance à un enfant : « Va vite faire tes devoirs. » Cette mise bout à bout illustrera la femme moderne courant après son temps. Sans doute pourra-t-on reprocher à cet enchaînement d'être caricatural. Hélas, le langage télévisuel doit être instantanément compréhensible. Le lecteur du journal peut revenir à la phrase précédente s'il a eu un doute, encore que ce soit un signe de mauvaise rédaction ; le téléspectateur, manœuvre comme sorbonnard, doit tout comprendre tout de suite. On voit combien, sans même parler d'intentions coupables d'un auteur, les risques de schématisation sont inhérents à la construction même du récit de télévision.

BIBLIOGRAPHIE

Boyavalle Isabelle, *Pratique du journalisme sur Internet*, Éditions du CRFJ.
Boucher Jean-Dominique, *Le Reportage écrit*, Éditions du CFPJ.
Furet Claude, *Le Titre*, Éditions du CFPJ.
Hervouët Loïc, *Écrire pour son lecteur*, École supérieure de journalisme de Lille.
Mouriquand Jacques, *L'Enquête,* Éditions du CFPJ.
– *Le Documentaire télévisé*, Victoires Éditions.
Pigallet Philippe, *Écrire, mode d'emploi*, Nathan.
Rossillon Philippe (dir.), *Atlas de la langue française*, Bordas.
Voirol Michel, *Le Guide de la rédaction*, Éditions du CFPJ.

TABLE DES MATIÈRES

Mis en pages et imprimé en France
par JOUVE
1, rue du Docteur Sauvé, 53100 Mayenne
décembre 2014 - N° 2180135G

JOUVE est titulaire du label imprim'vert®